DEN BÄSTA S'MORES KOKBOK

Njut av den söta magi av marshmallows, choklad och Graham Crackers genom 100 fantastiska recept

ALICE HOLMGREN

Copyright Material ©2024

Alla rättigheter förbehållna

Ingen del av denna bok får användas eller överföras i någon form eller på något sätt utan korrekt skriftligt medgivande från utgivaren och upphovsrättsinnehavaren, förutom korta citat som används i en recension. Den här boken bör inte betraktas som en ersättning för medicinsk, juridisk eller annan professionell rådgivning.

INNEHÅLLSFÖRTECKNING

INNEHÅLLSFÖRTECKNING 3
INTRODUKTION 6
FRUKOST OCH BRUNCH 7
   1. S'MORES CROISSANTER 8
   2. S'MORES FRENCH TOAST 11
   3. WAFFLED S'MORES 13
   4. KAKAO INFUNDERAD MED MARSHMALLOW 15
   5. TIRAMISU SHAKE 17
   6. WAFFLED S'MORES 19
   7. MARSHMALLOW PANNKAKOR 21
   8. MARSHMALLOW FRUKOSTFLINGOR 23
   9. CHOKLAD & MARSHMALLOW FRENCH TOAST ROLL UPS 25
   10. FLUFFERNUTTER HAVREGRYN 27
   11. S'MORES OVERNIGHT OATS 29
   12. S'MORES PANCAKE S 31
   13. S'MORES CHOKLAD GRANOLA SMOOTHIE BOWL 33
   14. S'MORES FRUKOST BURRITO 35
SNACKS OCH APTITRETARE 37
   15. BANOFFEE S'MORES BITES 38
   16. HERSHEYS S'MORES HETA KAKAOBOMBER 40
   17. GODIVA S'MORES 42
   18. S'MORES PRETZEL BITES 44
   19. LUNCHBOX S'MORES BARER 46
   20. NUTELLA SMORES 48
   21. S'MORES PARTY MIX 50
   22. S'MER PÅ GRILLEN 52
   23. S'MORES MUGG BROWNIE 54
   24. SNICKERS S'MORES 56
   25. SWEET POTATO MARSHMALLOW BITES 58
   26. ROCKY ROAD BITES 60
   27. BAKAT GODIS ÄPPLE ÖVERRASKNING 62
   28. S'MER PÅ GRILLEN 64
   29. KYLD FRUKTIG GODBIT 66
   30. BANAN BÅT 68
   31. CHOKLAD MARSHMALLOW BLONDIES 70
   32. FÖDELSEDAGSSTRÖSSEL RICE KRISPIES TREATS 72
   33. BISCUITS MED MARSHMALLOW 74
   34. CRANBERRY POPCORN BARS 76
   35. CORNY CRISPY RICE TREATS 78
   36. GODIS MAJS POPCORN BOLLAR 80

37. Marshmallow Puffs ... 82
38. S'Mores Wontons ... 84
39. S'Mores Dip ... 86
40. S'Mores Trail Mix ... 88
41. S'Mores fyllda jordgubbar ... 90
42. S'Mores Popcorn ... 92
43. S'Mores Energy Bites ... 94
44. S'Mores ostboll ... 96
45. S'Mores Chokladbark ... 98
46. S'Mores Cookie Bars ... 100
47. S'Mores Rice Krispie Treats ... 102
48. S'Mores Pizza ... 104

SMÖRGÅR OCH WRAPS ... 106
49. S'Mores-inspirerad grillad ost ... 107
50. S'Mores Quesadilla ... 109
51. S'Mores-inspirerad hamburgare ... 111

HUVUDRÄTT ... 113
52. Sötpotatis Marshmallow gryta ... 114
53. Fem koppar fruktsallad ... 116
54. Fryst fruktsallad ... 118
55. Apelsin fruktsallad ... 120
56. Barnfruktsallad ... 122

EFTERRÄTT ... 124
57. Grillad Pound Cake S'Mores ... 125
58. S'Mores Mug Cake ... 127
59. Baileys s'Mores ... 129
60. S'Mores Lasagne ... 131
61. Banana A nd Biscoff S'Mores Galettes ... 133
62. Nejlika Marshmallow Fudge ... 136
63. F unfetti Tårta ... 138
64. Grillad Pound Cake S'Mores ... 140
65. Majsflinga Marshmallowkakor ... 142
66. Gräshoppapaj ... 145
67. Choklad malt lager tårta ... 147
68. Charleston Cobblestone Glass ... 150
69. Choklad Mallow Ice Cream ... 152
70. Krusbär-Marshmallow Glass ... 154
71. R ocky Road Ice Cream ... 156
72. Key Lime Glass ... 158
73. S'Mores Chokladmoussekoppar ... 160
74. Frankenstein Mugg Tårta ... 162
75. Spindelnätstårta ... 164
76. Fem minuters fudge ... 166

77. Påskäggsmousse 168
78. S'Mores Cupcakes 170
79. Pumpkin S'Mores Cheesecake Bars 172
80. S'Mores Pie 175
81. S'Mores Chokladmoussekoppar 177
82. S'Mores glasssmörgåsar 179
83. S'Mores Trifle 181
84. S'Mores Bananbröd 183
85. S'Mores No-Bake Mini Cheesecake 185
86. S'Mores Rispudding 188

DRYCK **190**
87. S'Mores varm choklad 191
88. S'Mores Milkshake 193
89. S'Mores Iskaffe 195
90. Rostade s'More Martini 197
91. Baileys s'Mores 199
92. Ghost Busted Cocktail 201
93. Marshmallow Popcorn Milkshake 203
94. Blackberry Marshmallow Cream Soda 205
95. Ginger Persikor Och Grädde Cocktail 207
96. Citronmarängpajcocktail 209
97. Flytande Smore Cocktail 211
98. Jordgubbar Och Marshmallow Cocktail 213
99. S'Mores Martini 215
100. S'Mores Frappuccino 217

SLUTSATS **219**

INTRODUKTION

Välkommen till "Den bästa s'mores kokbok: Njut av den söta magi av marshmallows, choklad och Graham Crackers genom 100 fantastiska recept." S'Mores, med sin oemotståndliga kombination av sliskig marshmallows, smält choklad och krispiga grahamsbröd, väcker minnen från sprakande lägereldar och mysiga sammankomster under stjärnorna. I den här kokboken bjuder vi in dig att ge dig ut på en läcker resa genom S'Mores värld, och utforska 100 kreativa och läckra recept som hyllar denna älskade lägereld.

S'Mores är mer än bara en sommartid; de är en symbol för barndomens nostalgi, utomhusäventyr och delade stunder med nära och kära. Oavsett om du steker marshmallows över en lägereld, eldar upp grillen på din bakgård eller bara är sugen på en smak av nostalgi i ditt eget kök, hittar du inspiration och glädje på dessa sidor. Från klassiska S'Mores-varianter till innovativa vändningar på det traditionella receptet, det finns en s'more för varje smak och varje tillfälle.

Varje recept i den här kokboken är skapad med omsorg och kreativitet, och erbjuder en unik version av den klassiska S'Mores-upplevelsen. Från överseende desserter som S'Mores cheesecake och S'Mores brownies till lekfulla godsaker som S'Mores glassmackor och S'Mores popcorn, möjligheterna är oändliga. Med tydliga instruktioner, användbara tips och fantastisk fotografering kommer du att känna dig säker när du ger dig ut på ditt S'Mores-skapande äventyr.

Så, samla dina ingredienser, elda upp lågorna och gör dig redo att njuta av den söta magin i S'Mores med "Den bästa s'mores kokbok" som din guide. Oavsett om du delar dessa godsaker med vänner och familj eller njuter av dem solo, kommer dessa recept garanterat att ge glädje och förtjusning med varje läcker tugga.

FRUKOST OCH BRUNCH

1. S'Mores croissanter

INGREDIENSER:
- 1 ark smördeg, tinat
- ¼ kopp Nutella
- ¼ kopp mini marshmallows
- ¼ kopp graham cracker smulor
- 1 ägg, uppvispat
- Pulversocker, för att pudra

INSTRUKTIONER:

a) Värm ugnen till den temperatur som anges på smördegsförpackningen. Vanligtvis är det runt 375°F (190°C).
b) På en lätt mjölad yta, vik ut det tinade smördegsarket och kavla ut det något för att jämna ut tjockleken.
c) Skär smördegen i trekanter med hjälp av en kniv eller pizzaskärare. Du bör få runt 6-8 trianglar, beroende på vilken storlek du föredrar.
d) Bred ut ett tunt lager Nutella på varje smördegstriangel, lämna en liten kant runt kanterna.
e) Strö grahamssmulor över Nutellalagret på varje triangel.
f) Lägg några minimarshmallows ovanpå grahamssmulorna, fördela dem jämnt över triangeln.
g) Börja från den bredare änden av varje triangel, rulla försiktigt upp degen mot den spetsiga änden, forma en croissantform. Se till att täta kanterna för att förhindra att fyllningen läcker ut.
h) Lägg de förberedda croissanterna på en plåt klädd med bakplåtspapper, lämna lite utrymme mellan dem för att expandera under gräddningen.
i) Pensla toppen av varje croissant med det uppvispade ägget, vilket ger dem en vacker gyllene färg när de gräddas.
j) Grädda S'Mores Croissanterna i den förvärmda ugnen i cirka 15-18 minuter eller tills de blir gyllenbruna och puffade.
k) När de är gräddade tar du ut croissanterna från ugnen och låter dem svalna något på galler.
l) Innan servering, pudra S'Mores Croissanterna med strösocker, lägg till en touch av sötma och en attraktiv finish.
m) Njut av dina läckra hemgjorda S'Mores croissanter som en härlig njutning till frukost, efterrätt eller när du är sugen på en härlig kombination av Nutella, marshmallows och grahams.

2.S'Mores French Toast

INGREDIENSER:
- 3 skivor franskbröd
- 2 ägg lätt vispade
- ⅔ kopp mjölk
- 1 tsk vaniljextrakt
- ¼ tesked salt
- 1 kopp graham cracker smulor
- Smör
- 6 stora marshmallows halverade
- 2 Hersheys stänger i full storlek uppdelade i rektanglar
- Lönnsirap och/eller fudgesås till servering

INSTRUKTIONER:
a) I en grund skål eller pajform, vispa ihop ägg, mjölk, vanilj och salt.
b) Doppa brödet i äggblandningen, täck varje sida.
c) Tryck ut brödets båda sidor i grahamssmulor.
d) Smält cirka ½ matsked smör på en stekpanna eller nonstick-panna för varje brödskiva. Koka tills det är brunt och krispigt, vänd sedan till en annan sida, tillsätt lite mer smör i pannan först.
e) Medan de fortfarande är varma, stapla skivorna av franska toast, varva marshmallows och choklad emellan.
f) Skär i hälften för 2 portioner.

3. Waffled s'Mores

INGREDIENSER:
- Nonstick matlagningsspray
- ½ kopp vitt fullkornsmjöl
- ½ kopp universalmjöl
- ¼ kopp fast packat mörkt farinsocker
- ½ tesked bakpulver
- ¼ tesked salt
- Nypa mald kanel
- 4 matskedar osaltat smör, smält
- 2 matskedar mjölk
- ¼ kopp honung
- 1 msk rent vaniljextrakt
- ¾ kopp halvsöt chokladchips
- ¾ kopp mini marshmallows

INSTRUKTIONER:
a) Värm våffeljärnet till medium. Belägg båda sidor av våffeljärnsgaller med nonstick-spray.
b) I en mixerskål, kombinera mjöl, farinsocker, bakpulver, salt och kanel. Vispa ihop smält smör, mjölk, honung och vanilj i en separat skål.
c) Tillsätt de blöta ingredienserna till mjölblandningen och rör om tills en deg bildas.
d) Låt blandningen stå i 5 minuter. Den blir mycket tjockare än vanlig våffelsmet, men inte lika tjock som bröddeg.
e) Mät upp cirka ¼ kopp smet och lägg den på en del av våffeljärnet. Upprepa med ytterligare en ¼ kopp smet, för att ge dig en topp och en botten för din smörgås.
f) Stäng locket och koka tills de våfflade grahamsbröden fortfarande är lite mjuka men kokta i 3 minuter.
g) Ta försiktigt bort de våfflade grahamskexen från våffeljärnet.
h) De kommer att vara ganska mjuka, så var försiktig för att hålla dem intakta. Låt dem svalna något.
i) Upprepa med resten av smeten.

4.Kakao Infunderad Med Marshmallow

INGREDIENSER:
- 1 kopp mjölk.
- 1 kanelstång.
- ¼ tesked muskotnöt.
- 1 matsked osötat kakaopulver.
- 1-ounce chokladchips.
- 1 droppe kokosolja.
- Mini marshmallows.
- 1 shot Cinnamon whisky

INSTRUKTIONER:
a) Värm mjölken i en medelstor kastrull.
b) Sjud på svag värme med kanel och muskot i 10 minuter.
c) Rör ner kakaopulver.
d) Låt det puttra i några minuter innan du stänger av värmen.
e) Kombinera choklad, whisky, kokosolja och marshmallow i en mugg.

5.Tiramisu Shake

INGREDIENSER:
- 5 uns tinktur
- 4 stora kulor vaniljglass
- ½ kopp mocka
- vispgrädde
- chokladsås
- Kakaopulver att strö över
- En näve rostade marshmallows

INSTRUKTIONER:
a) Kombinera tinkturen, glassen och mockan i en mixerskål tills den är slät.
b) Häll upp i ett högt glas, fyll upp med vispgrädde, chokladsirap och kakaopulver och pudra med kakaopulver.
c) Garnera med marshmallows.

6. Waffled s'Mores

INGREDIENSER:
- Nonstick matlagningsspray
- ½ kopp vitt fullkornsmjöl
- ½ kopp universalmjöl
- ¼ kopp fast packat mörkt farinsocker
- ½ tesked bakpulver
- ¼ tesked salt
- Nypa mald kanel
- 4 matskedar osaltat smör, smält
- 2 matskedar mjölk
- ¼ kopp honung
- 1 msk rent vaniljextrakt
- ¾ kopp halvsöt chokladchips
- ¾ kopp mini marshmallows

INSTRUKTIONER:

j) Värm våffeljärnet till medium. Belägg båda sidor av våffeljärnsgaller med nonstick-spray.

k) I en mixerskål, kombinera mjöl, farinsocker, bakpulver, salt och kanel. Vispa ihop smält smör, mjölk, honung och vanilj i en separat skål.

l) Tillsätt de blöta ingredienserna till mjölblandningen och rör om tills en deg bildas.

m) Låt blandningen stå i 5 minuter. Den blir mycket tjockare än vanlig våffelsmet, men inte lika tjock som bröddeg.

n) Mät upp cirka ¼ kopp smet och lägg den på en del av våffeljärnet. Upprepa med ytterligare en ¼ kopp smet, för att ge dig en topp och en botten för din smörgås.

o) Stäng locket och koka tills de våfflade grahamsbröden fortfarande är lite mjuka men kokta i 3 minuter.

p) Ta försiktigt bort de våfflade grahamskexen från våffeljärnet. De kommer att vara ganska mjuka, så var försiktig för att hålla dem intakta. Låt dem svalna något. Upprepa steg 5 till 7 med resten av smeten.

7. Marshmallow pannkakor

INGREDIENSER:
- 1 kopp / 8 oz mini marshmallows
- 2 koppar / 16 oz självhöjande mjöl
- 2 koppar / 16 oz mjölk
- 2 ägg färska och frigående
- ¼ tesked salt

TOPPINGS
- 2 msk mini marshmallows
- lönnsirap
- Smör

INSTRUKTIONER:
a) Smet: tillsätt mjöl, mjölk, ägg och salt i en bunke. Använd en träslev för att röra tills det är konsekvent blandat.
b) Marshmallows: tillsätt minimarshmallows i pannkakssmeten och rör om.
c) Koka: spraya en crepepanna med rapsolja. Sätt på spisen och sätt på medelvärme. Använd en ⅓ måttbägare för att skeda och häll blandningen på pannan. Häll den rakt ner och håll handen på ett ställe.
d) Vänd: pannkakorna tar 2 till 3 minuter att tillaga på den första sidan. Håll utkik efter bubblorna som kommer att bildas på ytan med början vid kanterna. När de jobbar sig in i mitten är det dags att vända pannkakorna. Skjut en silikonvändare under den tillagade sidan, se till att pannkakan är på flippern, höj sedan handen något och vänd till andra sidan. Låt denna sida koka i 1 till 2 minuter.
e) Stapla: när pannkakorna är kokta, börja stapla dem på ett serveringsfat. Lägg till några mini marshmallows i högen när du arbetar dig uppåt. Väl uppe på toppen, bred lite smör på toppen, strö lite mer marshmallows på toppen och ringla sedan över bunten med lönnsirap.
f) Servera: lägg pannkaksbunten på frukostbordet som mittpunkt. Eller tillhandahåll tallrikar och gafflar för servering och låt folk dekorera sina egna.

8.Marshmallow frukostflingor

INGREDIENSER:
- 6 matskedar smör
- 16 uns påse marshmallows
- 6 koppar flingor, blanda upp måttet med vilken spannmål du än väljer

INSTRUKTIONER:
a) Klä en 9" fyrkantig ugnsform med bakplåtspapper och ställ åt sidan
b) Tillsätt smöret i en stor mikrovågssäker skål. Värm smöret i mikron tills det smälter, smält smöret i ca 1½ minut
c) Tillsätt marshmallowen i skålen och rör om dem med det smälta smöret. Sätt tillbaka skålen i mikrovågsugnen och värm i ytterligare 1 ½ minut, se till att marshmallowsna inte svämmar över. Ta bort och rör om. Om marshmallowsna inte är helt smälta kan du värma dem igen under ytterligare tid. blanda marshmallows i smält smör
d) Lägg nu till flingorna! Blanda ner alla dina favoritflingor i marshmallowen och rör försiktigt. Du vill inte krossa allt spannmål när du blandar det.
e) Häll flingblandningen i den förberedda ugnsformen. Bred försiktigt ut och tryck ner i pannan. Försök att inte trycka för hårt annars blir de svårare att äta. spannmålsbarer med marshmallows
f) Låt stelna i ungefär en timme. Klipp och njut!

9. Choklad & Marshmallow French Toast Roll Ups

INGREDIENSER:

FÖR ROLL-UPS:
- 8 skivor vitt smörgåsbröd
- ½ kopp mini marshmallows
- ½ kopp mini chokladchips
- 1 msk smör

FÖR CHOKLADÄGGBLANDNINGEN:
- 2 stora ägg
- 3 msk mjölk
- ½ matsked vaniljextrakt
- 1 matsked kakaopulver

FÖR CHOKLAD-SOCKERBLANDNINGEN:
- ⅓ kopp strösocker
- 1 tsk kanel
- 1 matsked kakaopulver

INSTRUKTIONER:
a) Skär skorpan från varje brödskiva och platta ut skivan med en kavel.
b) Lägg minimarshmallows och chokladchips inuti mot ena änden av brödskivan.
c) Rulla ihop brödet hårt. Upprepa med de återstående brödskivorna.
d) Förbered chokladäggblandningen: vispa ihop ägg, mjölk, vaniljextrakt och en matsked kakaopulver i en grund skål. Blanda väl.
e) Förbered choklad-sockerblandningen: blanda socker, kanel och en matsked kakaopulver på en tallrik. Avsätta.
f) Värm en stekpanna på medelvärme och smält smöret.
g) Doppa varje rulle i chokladäggsblandningen, täck väl och lägg dem i pannan. Stek dem gyllenbruna på alla sidor, ca 2 minuter per sida. Tillsätt smör i pannan efter behov.
h) Ta varje kokt rulle från pannan och rulla omedelbart i choklad-sockerblandningen tills den är helt täckt av socker.

10. Fluffernutter Havregryn

INGREDIENSER:
- 1 kopp snabb havre
- 2 dl vatten
- 3-6 matskedar krämigt jordnötssmör, eller mängd efter smak
- 2-4 msk marshmallowfluff, eller mängd efter smak

VALFRITT TOPPINGS
- skivad banan eller annan favoritfrukt
- torkad frukt
- 100% ren lönnsirap
- mald kanel
- chiafrön eller andra frön eller nötter

INSTRUKTIONER:
a) Tillsätt 2 dl vatten i en liten och medelstor kastrull och låt koka upp.
b) När vattnet kokar, tillsätt 1 kopp snabbhavre och koka i 1 minut, rör om medan det kokar.
c) När det är klart, skeda jämnt i 2 skålar.
d) Tillsätt jordnötssmöret och marshmallowfluffet och valfritt pålägg som du vill ha. Njut av!

11. S'Mores Overnight Oats

INGREDIENSER:

- ⅓ kopp gammaldags havre
- ⅓ kopp vanlig grekisk yoghurt
- ½ kopp osötad vaniljmandelmjölk
- 2 tsk chiafrön
- 2 msk marshmallowkräm
- ½ graham cracker ark, smulad
- ½ msk mini chokladchips
- Mini marshmallows (till topping)

INSTRUKTIONER:

a) Börja med att kombinera de våta ingredienserna i en liten blandningsskål: vanlig grekisk yoghurt, mandelmjölk och marshmallowkräm. Vispa ihop dessa ingredienser noggrant.

b) Integrera de torra ingredienserna i blandningen. Lägg till gammaldags havre, chiafrön, smulade grahamsbröd och minichokladchips. Blanda alla ingredienser tills det är väl blandat.

c) Överför havregrynsblandningen till en lufttät behållare. Låt den dra i kylen över natten eller i åtminstone några timmar för att förstärka smakerna och konsistensen.

d) Dagen efter hämtar du behållaren från kylen. Toppa havren med extra minimarshmallows, chokladchips och grahamsbitar för extra överseende.

12. S'Mores Pancakes

INGREDIENSER:
- Valfri pannkaksmix
- Ägg
- Mjölk
- Vatten
- 1 msk smör
- ½ balja marshmallowfluff
- 4 grahams kex
- 1 kopp chokladchips
- 3-4 marshmallows till garnering

INSTRUKTIONER:
a) Börja med att förbereda din pannkaksmix enligt anvisningarna på förpackningen. För att säkerställa rätt konsistens, tillsätt ytterligare några matskedar mjölk för att tunna ut smeten något. Det här steget är avgörande, särskilt som du kommer att införliva krossade graham-kex i mixen. Sträva efter en tunnare konsistens för att undvika för tjock smet.
b) När du har den uttunnade smeten, skrynkla ihop 3-4 grahamsbröd och vik försiktigt ner dem i pannkakssmeten. Detta ger dina pannkakor en härlig konsistens och den klassiska graham cracker-smaken.
c) Tillaga dina pannkakor som vanligt på en smörad panna, vänd dem när du ser små bubblor bildas. Efter tillagning av varje pannkaka, toppa den med 2 matskedar marshmallowfluff och ett stänk av chokladchips.
d) Fortsätt varva dina pannkakor med marshmallowfluff och choklad mellan varje graham cracker flapjack. För en extra touch, garnera stapeln med ytterligare marshmallows och ett stänk av grahamsdamm.
e) Dina S'Mores-pannkakor är redo att avnjutas vid denna tidpunkt. Men om du har en kulinarisk fackla, överväg att rosta marshmallow-fluffen något innan servering för den oemotståndliga, lägereldsinspirerade touchen.

13. S'Mores Choklad Granola Smoothie Bowl

INGREDIENSER:
- 2 koppar vaniljyoghurt
- 1 ¼ koppar Havre & Mörk Choklad Granola
- 1 ¼ koppar mini marshmallows
- 1 ¼ koppar mjölkchokladbitar
- 2 msk chokladsirap
- 1 ¼ koppar spannmål

INSTRUKTIONER:
a) Fyll två serveringsskålar med vaniljyoghurt.
b) Toppa varje skål med havre och mörk chokladgranola.
c) Tillsätt mini marshmallows och mjölkchokladbitar i varje skål.
d) Ringla chokladsirap över varje portion.
e) Strax före servering, strö flingor ovanpå.
f) Servera S'Mores Chocolate Granola Smoothie Bowl kall och njut av denna härliga måltid eller mellanmål när som helst!

14. S'Mores Frukost Burrito

INGREDIENSER:
- 2 fullkornstortillas
- 2 msk mandelsmör
- 1 banan, skivad
- 2 msk mini chokladchips
- 2 msk krossade grahams kex
- Mini marshmallows till topping

INSTRUKTIONER:
g) Bred mandelsmör på varje tortilla.
h) Lägg bananskivor, minichokladchips och krossade grahamsbröd på en tortilla.
i) Toppa med mini marshmallows och täck med den andra tortillan.
j) Värm i en panna tills tortillan är gyllene och fyllningen är sliskig.
k) Skiva och njut av din S'Mores frukostburrito!

SNACKS OCH APTITRETARE

15. Banoffee S'Mores Bites

INGREDIENSER:
- Graham kex, uppdelad i rutor
- Mogna bananskivor
- Marshmallows, rostade
- Mjölkchokladrutor
- Kolasås till duggregn

INSTRUKTIONER:
a) Placera en skiva banan på en grahams kex fyrkant.
b) Rosta en marshmallow och lägg den ovanpå bananen.
c) Tillsätt en fyrkant mjölkchoklad och ringla över kolasås. Toppa med en annan graham cracker square.

16. Hersheys S'Mores heta kakaobomber

INGREDIENSER:
- 3 koppar smält vit choklad mandelbark
- 1 ½ koppar varm kakaomix - delad
- Mini Marshmallows - 5 för varje bomb - 30 totalt
- 1 kopp choklad - smält - för toppdekoration
- Mini Marshmallows - rostade - för toppdekorationen.
- 1 fodral med Graham Crackers - halvor
- 3 Hershey's Chokladkakor - brutna i bitar

INSTRUKTIONER:
a) Placera den vita chokladmandelbarken i en mikrovågssäker skål och mikrovågsugn med 15 sekunders intervall tills chokladen har smält. Rör om mellan intervallerna.
b) Skeda den vita chokladen inuti formen, tillräckligt för att täcka botten och sidorna med ett tjockt lager choklad. Låt stå i rumstemperatur i cirka 30 minuter och låt sedan stå i kylen i ytterligare 30 minuter för att stelna chokladen helt.
c) Ta ut från kylen och fyll hälften av formarna med ¼ kopp Hot Cocoa Mix och Mini Marshmallows.
d) Ta bort den andra halvan av chokladen från formarna, värm försiktigt kanterna i en liten nonstick-panna eller varm platta så att kanten på chokladen knappt smälter, och fäst formens övre del i botten av formen, förslut dem med smält choklad.
e) Ställ tillbaka i kylen i 30 minuter för att stelna chokladen.
f) Ta bort chokladbomben från kylskåpet, ringla smält choklad över S'Mores Hot Cocoa Bombs, lägg en klick choklad på toppen och lägg 3 minis rostade Marshmallows på toppen.
g) Lägg en klick choklad ovanpå en Graham Cracker-ruta och klistra ihop de två bitarna. Lägg ytterligare en klick choklad ovanpå chokladen och fäst den varma kakaobomben på toppen.
h) För att servera, droppa i varm mjölk och låt den lösas upp, rör om och njut!

17. Godiva S'Mores

INGREDIENSER:
- GODIVA Mörk eller Mjölkchokladkex
- Stora marshmallows

INSTRUKTIONER:
a) Rosta marshmallowen med ett spett över öppen låga tills den börjar expandera och får en härlig gyllenbrun färg.
b) Placera den rostade marshmallowen tätt mellan två GODIVA chokladkex och se till att chokladsidan är vänd inåt.
c) Njut av din läckra godis medan den fortfarande är varm.

18. s'Mores Pretzel Bites

INGREDIENSER:
- 100 pretzel snaps (fyrkantiga kringlor)
- 25 normalstora marshmallows, halverade
- 8 uns halvsöt smält choklad (mörk är också ok)
- 3 grahamsark, finkrossade eller pulveriserade

INSTRUKTIONER:
a) Placera ett galler i mitten av ugnen och förvärm till 350°F.
b) Klä din bakplåt med en bakmatta av silikon eller bakplåtspapper.
c) Ordna femtio kringlor i ett enda lager på bakplåten, lämna cirka 2" mellan varje kringla.
d) Lägg en halv marshmallow ovanpå varje kringla.
e) Sätt in plåten i ugnen och grädda tills marshmallowsen börjar få färg. Ugnens tider kan variera, men titta noga i cirka 10 minuter.
f) Ta ut kringlor från ugnen och toppa var och en med en andra kringla, låt dem svalna i ett par minuter.
g) Smält chokladen enligt anvisningarna på förpackningen.
h) Doppa varje marshmallowkringla i chokladen ungefär halvvägs och lägg på en bakplåtspappersklädd plåt.
i) Strö krossade grahamssmulor över varje kringlabit medan chokladen fortfarande är blöt.

19. Lunchbox S'Mores Barer

INGREDIENSER:

- 2 koppar graham cracker smulor
- ½ kopp osaltat smör, smält
- ¼ kopp strösocker
- 2 koppar mini marshmallows
- 2 dl mjölkchokladchips
- ½ kopp kondenserad mjölk
- 1 tsk vaniljextrakt

INSTRUKTIONER:

a) Värm ugnen till 350°F (175°C). Smörj eller fodra en 9x9-tums bakplåt med bakplåtspapper.
b) I en skål, kombinera graham cracker smulor, smält smör och strösocker. Rör om tills blandningen liknar grova smulor och är väl kombinerad.
c) Tryck ut grahamsblandningen jämnt i botten av den förberedda bakformen, skapa en fast och kompakt skorpa.
d) Strö mini marshmallows jämnt över graham cracker crust. Strö sedan chokladbitarna över marshmallowsen.
e) Blanda den kondenserade mjölken och vaniljextraktet i en liten skål tills det är väl blandat. Ringla den kondenserade mjölkblandningen över marshmallows och chokladchips, för att säkerställa en jämn täckning.
f) Sätt in formen i den förvärmda ugnen och grädda i cirka 25-30 minuter, eller tills marshmallowsna blir gyllenbruna och chokladen smält och bubblig.
g) Ta ut formen från ugnen och låt den svalna helt. När de svalnat lyfter du försiktigt ut stängerna ur pannan med hjälp av bakplåtspapper och lägg dem på en skärbräda. Skär i rutor eller stänger av önskad storlek.
h) Servera och njut

20. Nutella Smores

INGREDIENSER:
- 4 hela grahams kex, delade i två fyrkantiga halvor
- 2 matskedar Nutella
- 2 msk marshmallowkräm

INSTRUKTIONER:
a) Lägg en halv tesked hasselnötsspridning över fyra grahamshalvor och en halv tesked marshmallowkräm över de återstående 3 kexhalvorna.
b) Ta nu en halv marshmallow och en halva med hasselnötsspridning och tryck ihop.
c) Gör detta för alla kex för att få flera set och servera.

21. S'Mores Party Mix

INGREDIENSER:
- 3 koppar Golden Graham flingor
- 2 koppar mini marshmallows
- 1 kopp chokladchips
- 1 kopp Teddy Grahams
- ¼ kopp smör, smält
- ¼ kopp farinsocker
- 1 tsk vaniljextrakt
- ½ tsk salt

INSTRUKTIONER:
a) Värm ugnen till 350°F (175°C).
b) Blanda Golden Grahams, mini marshmallows, chokladchips och Teddy Grahams i en stor skål.
c) Smält smöret på medelvärme i en kastrull.
d) Tillsätt farinsocker och rör om tills det är väl blandat.
e) Ta av från värmen och rör ner vaniljextrakt och salt.
f) Häll blandningen över flingblandningen och rör om tills allt är jämnt belagt.
g) Bred ut blandningen på en plåt och grädda i 8-10 minuter.
h) Låt svalna innan servering.

22. s'Mer på grillen

INGREDIENSER:
- En handfull mörk chokladgodis
- En handfull M och M
- En näve jordnötssmörsbägare
- Handfull Graham kex
- Handfull Choklad
- Handfull Marshmallows

INSTRUKTIONER:
a) Värm grillen till medelhög inställning.
b) På en plan yta, placera en 10" x 12" bit folie.
c) Smula sönder en grahams kex och lägg den på folien.
d) Placera ditt valda godis på grahamskexet och toppa det med marshmallows som du väljer.
e) Slå in lätt i folie och toppa med resterande grahamssmulor.
f) Värm i 2 till 3 minuter på grillen, eller tills marshmallowen har smält.

23. S'Mores Mugg Brownie

INGREDIENSER:
- 2 msk osaltat smör, smält
- 2 matskedar strösocker
- 2 matskedar packat farinsocker
- 2 matskedar osötat kakaopulver
- ¼ tesked vaniljextrakt
- Nypa salt
- ¼ kopp universalmjöl
- 2 matskedar graham cracker smulor
- 2 msk chokladchips
- Mini marshmallows, för topping

INSTRUKTIONER:
a) I en mikrovågssäker mugg, vispa ihop det smälta smöret, strösocker, farinsocker, kakaopulver, vaniljextrakt och salt.
b) Tillsätt mjölet och rör tills det är väl blandat.
c) Vänd ner grahamssmulorna och chokladbitarna.
d) Mikrovågsugn muggen på hög höjd i 45-60 sekunder, eller tills brownien sitter runt kanterna men något sliskig i mitten.
e) Ta ur mikrovågsugnen och toppa med mini marshmallows. Använd en köksfackla för att rosta marshmallows tills de är gyllenbruna eller ställ muggen under broilern i några sekunder.
f) Låt den svalna någon minut eller två innan du njuter av den. Var försiktig, eftersom marshmallows blir varma och sliskiga!

24. Snickers S'Mores

INGREDIENSER:
- Grahams kex
- Marshmallows
- Snickers barer

INSTRUKTIONER:
a) Bryt ett grahamskex på mitten och lägg en bit Snickers-stång på en av halvorna.
b) Rosta en marshmallow över en lägereld eller använd en köksfackla tills den når önskad rostningsnivå.
c) Placera den rostade marshmallowen ovanpå Snickers-baren.
d) Smörgå marshmallow och Snickers med den andra halvan av grahamsknäcket.
e) Upprepa processen för att göra fler Snickers S'Mores.

25. Sweet Potato Marshmallow Bites

INGREDIENSER:
- 4 sötpotatis, skalad och skivad
- 2 msk smält växtbaserat smör
- 1 tsk lönnsirap
- Kosher salt
- 10-ounce påse marshmallows
- ½ kopp pekannötshalvor

INSTRUKTIONER:
a) Värm ugnen till 400 grader Fahrenheit.
b) Kasta sötpotatis med smält växtbaserat smör och lönnsirap på en plåt och lägg dem i ett jämnt lager. Krydda med salt och peppar.
c) Grädda tills de är mjuka, cirka 20 minuter, vänd halvvägs igenom. Avlägsna.
d) Toppa varje sötpotatis med en marshmallow och stek i 5 minuter.
e) Servera genast med en pekannötshalva ovanpå varje marshmallow.

26. Rocky Road Bites

INGREDIENSER:
- 350 g chokladbitar
- 30 g smör
- 397 g kondenserad sötad mjölk på burk
- 365 g torrrostade jordnötter
- 500 g vita marshmallows, hackade

INSTRUKTIONER:
a) Klä en 9x13-tums plåt med smörpapper.
b) I en mikrovågssäker skål, mikrovågsugn choklad och smör tills det smält.
c) Rör om då och då tills chokladen är slät. Rör ner kondenserad mjölk.
d) Kombinera jordnötter och marshmallows; rör ner i chokladblandningen.
e) Häll i förberedd form och kyl tills den stelnar. Skär i rutor.

27. Bakat godis äpple överraskning

INGREDIENSER:
- 4 röda äpplen, kärnade ur halvvägs och skalade
- ⅓ ner från toppen 16 glödheta godisbitar
- 8 miniatyrmarshmallows

INSTRUKTIONER:
a) Lägg äpplen i en mikrovågssäker gryta.
b) Placera en godis, sedan en marshmallow i mitten av varje äpple.
c) Täck formen med plastfolie eller vaxat papper.
d) Mikrovågsugn i 7 minuter.
e) Lägg på ytterligare ett lager godis och marshmallows.
f) Täck över och koka igen i 5 minuter.

28.s'Mer på grillen

INGREDIENSER:
- En handfull mörk chokladgodis
- En handfull M och M
- En näve jordnötssmörsbägare
- Handfull Graham kex
- Handfull Choklad
- Handfull Marshmallows

INSTRUKTIONER:
g) Värm grillen till medelhög inställning.
h) På en plan yta, placera en 10" x 12" bit folie.
i) Smula sönder en grahams kex och lägg den på folien.
j) Placera ditt valda godis på grahamskexet och toppa det med marshmallows som du väljer.
k) Slå in lätt i folie och toppa med resterande grahamssmulor.
l) Värm i 2 till 3 minuter på grillen, eller tills marshmallowen har smält.

29.Kyld fruktig godbit

INGREDIENSER:
- 18 uns paket av kyld sockerkakadeg
- 7 uns burk marshmallow crème
- 8 uns paket färskost, mjukad

INSTRUKTIONER:
a) Sätt ugnen på 350 grader F innan du gör något annat.
b) Lägg degen på en medelstor bakplåt som är cirka ¼-tums tjock.
c) Tillaga allt i ugnen i ca 10 minuter.
d) Ta ut allt från ugnen och ställ åt sidan för att svalna.
e) Blanda färskosten och marshmallowcrèmen i en skål.
f) Fördela färskostblandningen över skorpan och ställ kallt innan servering.

30. Banan båt

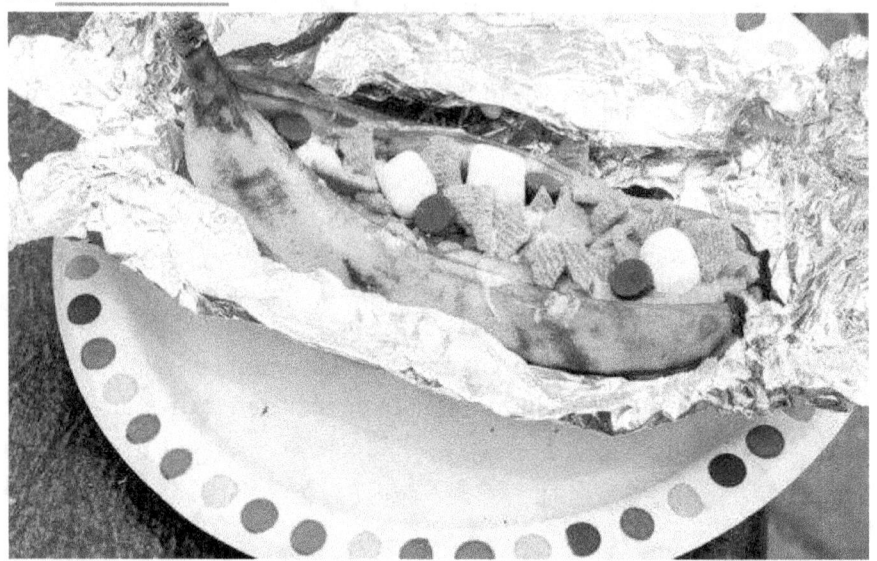

INGREDIENSER:
- 1 banan
- Russin
- Mini marshmallows
- brunt socker
- Chokladbitar

INSTRUKTIONER:
a) Skala bananen delvis. Skär en kilformad sektion i banan. Ta bort kilen.
b) Lägg i ihåliga: marshmallows, chokladchips och russin,
c) Strö lätt över farinsocker.
d) Täck blandningen med bananskal och linda in i folie.
e) Lägg i kol i ca 5 minuter, tills choklad och marshmallows smält.

31. Choklad Marshmallow Blondies

INGREDIENSER:
- ¾ kopp vitt rismjöl
- ½ kopp potatisstärkelse
- ½ kopp pilrotspulver
- ½ tesked xantangummi
- 1 matsked osötat kakaopulver
- 1 tsk bakpulver
- ½ tsk salt
- ½ kopp osaltat smör mjukat
- ¾ kopp vitt socker
- ¾ kopp ljust farinsocker, packat
- 2 stora ägg
- 2 tsk vaniljextrakt
- 1 kopp mini marshmallows
- ½ kopp mini chokladchips

INSTRUKTIONER:
a) Värm ugnen till 180C / 350F och smörj en 9x13-tums bakform.
b) Kombinera rismjöl, arrowroot-pulver, majsstärkelse, kakaopulver, xantangummi, bakpulver och salt i en mixerskål.
c) I en separat skål, tillsätt socker och smör och vispa tills det är fluffigt och ljust.
d) Tillsätt ägg och vaniljextrakt och vispa till en slät smet.
e) Vispa i de torra ingredienserna i små omgångar tills det är slätt och väl blandat.
f) Vänd ner chokladchips och marshmallows och bred sedan ut smeten i den förberedda pannan.
g) Grädda i 25 till 28 minuter tills blondinarna stelnat.
h) Låt blondinarna svalna helt innan de skärs i barer.

32.Födelsedagsströssel Rice Krispies Treats

INGREDIENSER:

- 5 koppar Rice Krispies
- 3 matskedar smör
- 4 koppar PUFFAD miniatyrmarshmallows
- Nypa salt
- 1 tsk vaniljextrakt
- ½ kopp strössel
- 2 msk neutral olja
- 1½ dl vit choklad
- Blå gel droppe

INSTRUKTIONER:

a) Spraya en 8x8 tums bakpanna med matlagningsspray och ställ åt sidan.
b) Smält smör, vaniljextrakt och salt i en stor kastrull på låg värme. Tillsätt marshmallows och rör om tills den precis smält och slät.
c) Ta bort från värmen och rör ner Rice Krispies och ½ kopp strössel. Rör om tills den är väl belagd.
d) Spraya en stor spatel med matlagningsspray och använd den för att trycka ut blandningen jämnt i den förberedda pannan.
e) För att göra vit chokladtoppning: Smält vit choklad med ¼ kopp kondenserad mjölk i en medelstor kastrull på låg värme. När den smält, lägg i ta bort och 1 eller 2 droppar blå matfärg, beroende på hur intensiv du vill ha färgen. häll över Rice Krispies.

33. Biscuits Med Marshmallow

INGREDIENSER:

- ½ kopp smör
- 1 ½ dl grahamssmulor
- 14-ounce burk sötad kondenserad mjölk
- 2 koppar halvsöta chokladchips
- 1 kopp jordnötssmörchips ½ kopp godismajs

INSTRUKTIONER:

a) Värm ugnen till 325 grader F.
b) Placera smör i en 9- x 13-tums ugnsform och placera i ugnen tills smöret smalter.
c) Ta ut formen från ugnen och fördela det smälta smöret jämnt över botten.
d) Strö grahamssmulor jämnt över smält smör; häll sötad kondenserad mjölk jämnt över smulorna.
e) Toppa med chokladchips och jordnötssmörschips; tryck ner ordentligt.
f) Grädda i 25 till 30 minuter, tills de är gyllene.
g) Ta bort från ugnen; strö omedelbart över godismajs och tryck försiktigt ut godis i oklippta barer. Kyl och skär sedan i barer.

34. Cranberry Popcorn Bars

INGREDIENSER:
- 3 uns mikrovågspopcorn, poppade
- ¾ kopp vita chokladchips
- ¾ kopp sötade torkade tranbär
- ½ kopp sötad flingad kokosnöt
- ½ kopp strimlad mandel, grovt hackad
- 10 uns marshmallows
- 3 msk smör

INSTRUKTIONER:

a) Klä en 13"x9" bakplåt med aluminiumfolie; spraya med non-stick grönsaksspray och ställ åt sidan. I en stor skål, släng ihop popcorn, chokladchips, tranbär, kokos och mandel; avsätta. I en kastrull på medelvärme, rör om marshmallows och smör tills det smält och slät.

b) Häll över popcornblandningen och rör om för att täcka helt; överför snabbt till förberedd panna.

c) Lägg ett ark vaxpapper ovanpå; tryck ner ordentligt. Kyl i 30 minuter, eller tills den är fast. Lyft stänger från pannan, använd folie som handtag; dra av folie och vaxpapper. Skiva i barer; kyla ytterligare 30 minuter.

35. Corny Crispy Rice Treats

INGREDIENSER:

- ½ kopp smör
- 9 dl mini marshmallows
- 10 koppar krispiga risflingor
- 1 kopp godis majs
- 1 kopp indisk godismajs
- ¾ kopp mini halvsöta chokladchips
- 2 droppar gul och 1 droppe röd matfärg
- 20 godispumpor

INSTRUKTIONER:

a) Smält ihop smör och marshmallows i en stor kastrull på medelvärme; rör om tills det är slätt. Kombinera flingor, godismajs och chokladchips i en stor skål.

b) Blanda matfärg i marshmallowblandningen, tillsätt mer färg om nödvändigt för att nå önskad nyans av orange. Tillsätt marshmallowblandningen till spannmålsblandningen; rör om snabbt för att kombinera.

c) Sprid ut i en smörad 13"x9" bakpanna; tryck med smörade händer. Medan de fortfarande är varma, tryck på godispumpor med 1-½ till 2 tums mellanrum.

d) Kyl i en timme, eller tills det är fast; skär i rutor. För att göra tunnare godsaker, använd en 15"x10" gelérullpanna.

36. Godis majs popcorn bollar

INGREDIENSER:
- 8 dl poppad popcorn
- 1 kopp godis majs
- ¼ kopp smör
- ¼ tesked salt
- 10 uns förp. marshmallows

INSTRUKTIONER:
a) Kombinera popcorn och godismajs i en stor skål; avsätta. Smält smör i en stor kastrull på medelvärme; rör ner salt och marshmallows.
b) Sänk värmen till låg och koka, rör om ofta, i 7 minuter eller tills marshmallows smälter och blandningen är slät.
c) Häll över popcornblandningen, rör om för att täcka. Belägg händerna lätt med grönsaksspray och forma popcornblandningen till 4-tumsbollar.
d) Slå in bollarna individuellt i cellofan, om så önskas.

37. Marshmallow Puffs

INGREDIENSER:
- 1 rör halvmåne rullar
- 8 marshmallows
- 3 msk smör, smält
- 3 matskedar socker
- 1 tsk kanel

INSTRUKTIONER:
a) Värm ugnen till 375 grader F. Smörj 8 muffinskoppar.
b) Smält smöret i en liten skål.
c) I en annan liten skål, kombinera kanel och socker.
d) Rulla marshmallow i smält smör; rulla sedan i en kanel-sockerblandning. Linda in i en halvmånerullstriangel, var noga med att täta.
e) Lägg dem i en förberedd panna. Grädda i 8-10 minuter tills de är gyllenbruna.

38. S'Mores Wontons

INGREDIENSER:
- Wonton omslag
- ½ kopp mini marshmallows
- ¼ kopp chokladchips
- ¼ kopp krossade grahams kex
- 1 ägg, uppvispat
- Vegetabilisk olja för stekning

INSTRUKTIONER:

a) Placera en liten sked mini marshmallows, chokladchips och krossade graham-kex på varje wonton-omslag.

b) Blöt kanterna på wonton-omslaget med vatten, vik på mitten och tryck till för att försegla.

c) Doppa varje wonton i det uppvispade ägget och lägg det sedan i den heta oljan.

d) Stek wontons i 2-3 minuter på varje sida, eller tills de är gyllenbruna.

39. S'Mores Dip

INGREDIENSER:
- 1 dl chokladchips
- 1 kopp mini marshmallows
- Graham kex för doppning

INSTRUKTIONER:
a) Värm ugnen till 350°F (175°C).
b) I en ugnssäker form, varva chokladchips.
c) Toppa med mini marshmallows.
d) Grädda tills marshmallows är gyllenbruna.
c) Servera med grahams kex för en härlig S'Mores-dipp.

40.S'Mores Trail Mix

INGREDIENSER:
- 1 kopp mini marshmallows
- 1 kopp chokladchips
- 1 kopp graham cracker flingor
- 1 dl mandel eller blandade nötter

INSTRUKTIONER:
a) Blanda mini marshmallows, chokladchips, graham cracker flingor och nötter.
b) Portionera i påsar i snacksstorlek.
c) Njut av denna portabla och välsmakande S'Mores trail mix.

41.S'Mores fyllda jordgubbar

INGREDIENSER:
- Färska jordgubbar
- Chokladbitar
- Mini marshmallows
- Krossade grahams kex

INSTRUKTIONER:
a) Håla ur jordgubbar.
b) Fyll varje jordgubbe med chokladchips och minimarshmallows.
c) Strö krossade grahams kex på toppen.
d) Kyl ner innan du serverar dessa lagom stora S'Mores-läckerheter.

42. S'Mores Popcorn

INGREDIENSER:
- 8 dl poppad popcorn
- 1 kopp mini marshmallows
- 1 kopp chokladchips
- 1 kopp graham cracker bitar

INSTRUKTIONER:
a) Blanda poppade popcorn, mini marshmallows, chokladchips och graham cracker bitar.
b) Bred ut på en bakplåt.
c) Grädda i 350°F (175°C) tills marshmallows har smält.
d) Svalka och dela upp i kluster för en S'Mores-inspirerad popcorngodis.

43. S'Mores Energy Bites

INGREDIENSER:
- 1 kopp havregryn
- ½ kopp mandelsmör
- ⅓ kopp honung eller lönnsirap
- ½ kopp mini chokladchips
- ½ kopp krossade grahams kex
- ½ kopp mini marshmallows

INSTRUKTIONER:
a) Blanda havregryn, mandelsmör, honung eller lönnsirap, chokladchips, krossade graham-kex och mini-marshmallows.
b) Forma till lagom stora bollar.
c) Kyl i kylen tills den stelnar.
d) Snack på dessa energibitar för en S'Mores-inspirerad godbit.

44. S'Mores ostboll

INGREDIENSER:
- 8 uns färskost, mjukad
- ½ kopp strösocker
- ¼ kopp kakaopulver
- 1 kopp mini chokladchips
- 1 kopp krossade grahams kex
- Mini marshmallows för beläggning

INSTRUKTIONER:
a) Blanda färskost, strösocker och kakao i en skål tills det är slätt.
b) Vik i minichokladchips och krossade grahamsbröd.
c) Forma blandningen till en boll.
d) Rulla ostbollen i minimarshmallows tills den är täckt.
e) Servera med grahams kex eller kringlor för en söt och ostliknande S'Mores-dipp.

45. S'Mores Chokladbark

INGREDIENSER:
- 12 uns mörk choklad, hackad
- 1 kopp mini marshmallows
- 1 kopp krossade grahams kex
- ½ dl hackade nötter (valfritt)

INSTRUKTIONER:
a) Smält mörk choklad i en dubbelkokare eller i mikron.
b) Klä en plåt med bakplåtspapper.
c) Häll smält choklad på bakplåtspappret och bred ut den i ett jämnt lager.
d) Strö mini-marshmallows, krossade graham-kex och hackade nötter över chokladen.
e) Kyl tills chokladen stelnat, bryt sedan i bitar.

46. S'Mores Cookie Bars

INGREDIENSER:
- 1 kopp osaltat smör, mjukat
- 1 kopp strösocker
- 1 kopp farinsocker
- 2 stora ägg
- 1 tsk vaniljextrakt
- 3 koppar universalmjöl
- 1 tsk bakpulver
- ½ tsk salt
- 1 kopp chokladchips
- 1 kopp mini marshmallows
- 1 kopp krossade grahams kex

INSTRUKTIONER:
a) Värm ugnen till 350°F (175°C) och smörj en ugnsform.
b) I en stor skål, grädda ihop mjukt smör, strösocker och farinsocker.
c) Vispa i äggen ett i taget och rör sedan i vaniljextrakt.
d) I en separat skål, vispa ihop mjöl, bakpulver och salt. Tillsätt till de blöta ingredienserna och blanda tills det precis blandas.
e) Vik i chokladchips, minimarshmallows och krossade grahamsbröd.
f) Fördela kakdegen jämnt i den förberedda bakformen.
g) Grädda i 25-30 minuter eller tills kanterna är gyllene.
h) Kyl innan du skär i stänger.

47. S'Mores Rice Krispie Treats

INGREDIENSER:

- 6 koppar Rice Krispies flingor
- ¼ kopp osaltat smör
- 1 paket (10 uns) mini marshmallows
- 1 kopp krossade grahams kex
- 1 kopp chokladchips

INSTRUKTIONER:

a) Smält smör på låg värme i en stor gryta.
b) Tillsätt minimarshmallows och rör om tills de är helt smälta.
c) Ta bort från värmen och vänd ner Rice Krispies flingor.
d) Tryck ut hälften av blandningen i en smord ugnsform.
e) Strö krossade grahamsbröd och chokladbitar ovanpå.
f) Tryck ut den återstående Rice Krispie-blandningen över fyllningen.
g) Låt svalna innan du skär i rutor.

48. S'Mores Pizza

INGREDIENSER:
- pizzadeg
- Olivolja
- Mozzarellaost, strimlad
- Kokt kyckling, strimlad
- Skivad rödlök
- BBQ sås
- Mini marshmallows

INSTRUKTIONER:
a) Förvarm ugnen enligt pizzadegens instruktioner.
b) Kavla ut pizzadegen och pensla med olivolja.
c) Bred ut ett lager strimlad mozzarellaost på degen.
d) Tillsätt strimlad kokt kyckling och skivad rödlök och ringla över BBQ-sås.
e) Toppa med mini marshmallows.
f) Grädda tills skorpan är gyllene och osten smält.
g) Skiva och njut av din välsmakande S'Mores-pizza.

SMÖRGÅR OCH WRAPS

49. S'Mores-inspirerad grillad ost

INGREDIENSER:
- Surdegsbrödsskivor
- Skarpa cheddarostskivor
- Kokta baconstrimlor
- Skivade tomater
- Smör

INSTRUKTIONER:
a) Smöra ena sidan av varje surdegsbrödsskiva.
b) På den icke-smörade sidan, lägg på skarp cheddarost, kokt bacon och skivade tomater.
c) Toppa med ytterligare en skiva surdegsbröd, med den smörade sidan utåt.
d) Grilla på en panna tills brödet är gyllene och osten smält.
e) Servera din salta S'Mores grillad ost varm.

50. S'Mores Quesadilla

INGREDIENSER:
- 2 fullkornstortillas
- 2 msk jordnötssmör
- ½ banan, skivad
- 2 msk mini chokladchips
- 2 msk mini marshmallows

INSTRUKTIONER:
a) Bred jordnötssmör på ena sidan av varje tortilla.
b) Lägg bananskivor, minichokladchips och minimarshmallows på en tortilla.
c) Toppa med den andra tortillan, med jordnötssmörsidan nedåt.
d) Koka i en panna tills båda sidor är gyllenbruna och fyllningarna smält.
e) Skiva och njut av din S'Mores quesadilla.

51. S'Mores-inspirerad hamburgare

INGREDIENSER:
- Nötfärs eller växtbaserade hamburgerbiffar
- Hamburgerbullar
- schweizerostskivor
- Sauterade svampar
- Krispiga baconstrimlor
- BBQ sås

INSTRUKTIONER:
a) Grilla hamburgerbiffarna efter eget tycke.
b) Rosta hamburgerbullarna på grillen.
c) Lägg en skiva schweizisk ost på varje biff för att smälta.
d) Montera burgarna med sauterade svampar och knaperstekt bacon.
e) Ringla över BBQ-sås för den där S'Mores-inspirerade twisten.

HUVUDRÄTT

52.Sötpotatis Marshmallow gryta

INGREDIENSER:
- 4 ½ pund sötpotatis
- 1 kopp strösocker
- ½ kopp veganskt smör mjukat
- ¼ kopp växtbaserad mjölk
- 1 tsk vaniljextrakt
- ¼ tesked salt
- 1 ¼ koppar cornflakes flingor, krossade
- ¼ kopp hackade pekannötter
- 1 msk farinsocker
- 1 msk veganskt smör, smält
- 1½ dl miniatyrmarshmallows

INSTRUKTIONER:
a) Värm ugnen till 425 grader Fahrenheit.
b) Rosta sötpotatisen i 1 timme eller tills den är mjuk.
c) Dela sötpotatisen på mitten och häll ut insidan i en blandningsform.
d) Använd en elektrisk mixer och vispa sötpotatismos, strösocker och följande 5 ingredienser tills det är slätt.
e) Skeda potatisblandningen i en 11 x 7-tums bakform som har smords.
f) I en blandningsskål, kombinera majsflingor och de nästa tre ingredienserna .
g) Strö i diagonala rader med 2 tums mellanrum över skålen.
h) Grädda i 30 minuter .
i) Mellan raderna av cornflakes, strö marshmallows; grädda i 10 minuter.

53. Fem koppar fruktsallad

INGREDIENSER:
- 1 1 ounce Burk mandarin apelsiner, avrunnen
- 13½ ounce burk ananasbitar, avrunna
- ½ kopp Juice från ananas
- 1½ kopp miniatyrmarshmallows
- 2 koppar gräddfil
- 3½ uns Flingad kokos
- 1 dl vindruvor/körsbär till garnering

INSTRUKTIONER:

a) Blanda alla ingredienser utom garnering och låt svalna i flera timmar eller över natten.

b) Servera på salladskoppar garnerade med vindruvor eller körsbär.

54. Fryst fruktsallad

INGREDIENSER:
- 1 kuvert smaklös gelatin
- ½ kopp kokande vatten
- 16 uns Kan fruktcocktail i sirap
- ½ kopp majonnäs eller Miracle Whip
- 2½ koppar sötad vispgrädde

INSTRUKTIONER:
a) Vänd i ¾ kopp marshmallows samtidigt som vispgrädden, om du vill
b) Lös upp gelatin i kokande vatten. Kyl något och rör sedan i fruktcocktail och majonnäs. Kyl i 10 minuter. Vänd i vispad grädde.
c) Häll upp i en liten brödform eller ugnsform och frys in. Skiva eller skär i rutor och servera på sallad.
d) Svalka i ett par timmar.

55. Apelsin fruktsallad

INGREDIENSER:

- 2 koppar kokande vatten uppdelat
- 3 uns citronjello
- 2 koppar isbitar, delade
- 3 uns apelsinjello
- 20 uns krossad ananas
- 2 koppar Min. marshmallows
- 3 stora bananer skivade
- ½ kopp Finriven cheddarost
- 1 kopp reserverad ananasjuice
- ½ kopp socker
- Ägg, vispat
- 1 matsked Oleo
- 1 dl vispgrädde
- 2 msk majsstärkelse

INSTRUKTIONER:

a) Häll i en 13"x9"x2" bakplåt. Kyl tills den stelnat. Upprepa med apelsinjello, med återstående is och vatten.

b) Rör ner marshmallows. Häll över citronlagret; kyl tills den stelnat. Till dressingen, kombinera ananasjuice, sockerägg, majsstärkelse och smör i en kastrull. Koka på medelvärme under konstant omrörning tills den är tjock.

c) Täck över och kyl över natten. Nästa dag, arrangera bananer med vispad grädde över jello.

d) Kombinera dressing med vispad grädde; bred över bananer, Strö över ost.

56.Barnfruktsallad

INGREDIENSER:

- 17 uns Burk fruktcocktail, avrunnen
- 1½ kopp miniatyrmarshmallows
- 2 medelstora bananer, skivade
- 1 medelstort äpple, grovt hackat
- 2 msk citronsaft
- ¼ kopp Maraschino körsbär, halverade
- 1½ kopp kall visp

INSTRUKTIONER:

a) Rör ner skivade äpplen och bananer i citronsaft så att de inte blir mörka
b) I en stor skål, kombinera alla ingredienser utom den svala vispen. Vik försiktigt in sval visp. Omslag; kyl tills servering.
c) Barn gräver i det här - tänk att det är den coola piskan de är intresserade av.

EFTERRÄTT

57. Grillad Pound Cake S'Mores

INGREDIENSER:
- 1 kopp halvsöta chokladbitar
- 10,75-ounce fryst pundkaka, tinad
- 1 dl marshmallowkräm
- Vaniljglass

INSTRUKTIONER:
a) Skiva kakan horisontellt i tre lager.
b) Bred ut ½ kopp marshmallowkräm och ½ bitar över det nedre skiktet på ett stort ark kraftig folie.
c) För att säkerställa en säker försegling, överlappa foliekanterna.
d) Grilla i 7-20 minuter på låg värme utan grilllock.

58.S'Mores Mug Cake

INGREDIENSER:
- 4 matskedar universalmjöl
- 2 matskedar strösocker
- 2 matskedar osötat kakaopulver
- ⅛ tesked bakpulver
- ⅛ tesked salt
- 3 matskedar mjölk
- 2 matskedar vegetabilisk olja
- ¼ tesked vaniljextrakt
- 2 msk mini marshmallows
- 1 msk chokladchips
- 1 grahams kex, krossad

INSTRUKTIONER:
a) Vispa ihop mjöl, socker, kakaopulver, bakpulver och salt i en mikrovågssäker mugg.
b) Tillsätt mjölk, vegetabilisk olja och vaniljextrakt i muggen. Rör om tills smeten är slät.
c) Strö minimarshmallows och chokladchips över smeten.
d) Mikrovågsugn muggen högst i 1 minut och 30 sekunder, eller tills kakan har jäst och stelnat i mitten.
e) Ta bort muggen från mikrovågsugnen och strö den krossade graham-kexen över toppen.
f) Låt kakan svalna i några minuter innan du njuter av den.

59. Baileys s'Mores

INGREDIENSER:
- 100 ml Baileys Original Irish Cream
- 100 g smulad digestive eller mördegskaka
- 100 g mini marshmallows
- 120 g marshmallows
- 100 ml chokladsås
- Blås ficklampan till slut

INSTRUKTIONER:
a) Lägg den smulade mördegen i botten av en burk. Dollop på marshmallows.
b) Värm upp chokladsåsen och häll den i burkarna.
c) Tillsätt lite mer chokladsås.
d) Strö på minimarshmallows.
e) Häll Baileys över din skapelse.
f) Rosta nu marshmallows med blåslampan tills de är smälta och läckra.

60. S'Mores Lasagne

INGREDIENSER:
- 1 ½ dl grahamssmulor
- 6 matskedar osaltat smör, smält
- 8 uns färskost, mjukad
- ½ kopp strösocker
- 1 tsk vaniljextrakt
- 1 kopp tung grädde
- 1 kopp mini marshmallows
- 1 kopp chokladchips
- Krossade grahamsbröd och rostade marshmallows till garnering

INSTRUKTIONER:
a) Blanda grahamssmulorna och det smälta smöret i en skål tills det är väl blandat.
b) Tryck ut smulblandningen i botten av en smord 9x13-tums ugnsform för att bilda skorpan.
c) I en annan skål, vispa färskost, strösocker och vaniljextrakt tills det är slätt.
d) Vispa grädden i en separat skål tills det bildas styva toppar.
e) Vänd försiktigt ner den vispade grädden i färskostblandningen tills den är väl blandad.
f) Fördela hälften av färskostblandningen över grahamsbrödet i ugnsformen.
g) Strö minimarshmallows och chokladchips jämnt över färskostlagret.
h) Upprepa lagren med den återstående färskostblandningen, minimarshmallows och chokladchips.
i) Strö krossade grahams kex över det översta lagret.
j) Grädda i en förvärmd ugn vid 350°F (175°C) i cirka 15-20 minuter, eller tills marshmallowsna är gyllene och klibbiga.
k) Ta ut ur ugnen och låt den svalna något.
l) Innan servering, garnera med rostade marshmallows.
m) Servera varm eller kyld.

61. Banana And Biscoff S'Mores Galettes

INGREDIENSER:
FÖR GALETTDEGEN:
- 1 ¼ koppar universalmjöl
- 1 matsked strösocker
- ¼ tesked salt
- ½ kopp osaltat smör, kallt och skär i små tärningar
- 3-4 matskedar isvatten

FÖR FYLLNING:
- 2 mogna bananer, skivade
- ½ kopp Biscoff-pålägg (eller Speculoos-pålägg)
- ½ kopp mini marshmallows
- 1 msk strösocker, för att strö över

FÖR SERVERING:
- Vispad grädde eller vaniljglass (valfritt)

INSTRUKTIONER:

a) Vispa ihop mjöl, socker och salt till galettedegen i en bunke. Tillsätt det kalla smöret i tärningar och använd fingertopparna eller en konditor för att skära smöret i mjölblandningen tills det liknar grova smulor.

b) Tillsätt isvattnet gradvis, 1 matsked i taget, och blanda tills degen går ihop. Forma degen till en skiva, slå in den i plastfolie och låt stå i kylen i minst 30 minuter.

c) Värm ugnen till 375°F (190°C). Klä en plåt med bakplåtspapper.

d) På en lätt mjölad yta, kavla ut den kylda galettedegen till en grov cirkel, cirka ⅛ tum tjock. Överför den utkavlade degen på den förberedda bakplåten.

e) Bred ut Biscoff-pålägget på mitten av galettedegen, lämna en kant runt kanterna. Ordna de skivade bananerna ovanpå Biscoff-pålägget.

f) Strö minimarshmallows jämnt över bananerna. Vik kanterna på galettedegen inåt, överlappa försiktigt fyllningen.

g) Strö strösocker över de vikta kanterna på galettedegen.

h) Grädda i den förvärmda ugnen i ca 20-25 minuter, eller tills galetten är gyllenbrun och fyllningen bubblig.

i) Ta ut galetten från ugnen och låt den svalna några minuter innan servering.

j) Servera den varma galetten som den är eller med en klick vispgrädde eller en kula vaniljglass för extra njutning.

62. Nejlika Marshmallow Fudge

INGREDIENSER:
- 2 msk smör eller margarin
- ⅔ kopp outspädd indunstad mjölk
- 1½ koppar strösocker
- ¼ tesked salt
- 2 koppar miniatyrmarshmallows
- 1½ koppar halvsöta chokladbitar
- 1 tsk vaniljextrakt
- ½ kopp hackade pekannötter eller valnötter

INSTRUKTIONER:
a) Smör 8-tums fyrkantig panna.
b) I en kastrull, kombinera smör, avdunstad mjölk, socker och salt.
c) Koka upp under konstant omrörning.
d) Koka i 4 till 5 minuter under konstant omrörning och ta bort från värmen.
e) Rör ner marshmallows, bitar, vanilj och nötter.
f) Rör om kraftigt i 1 minut eller tills marshmallowsen smält helt.
g) Häll i pannan. Kyl och skär i rutor. Tips För en tjockare fudge, använd en 7x5-tums brödform.

63. Funfetti tårta

INGREDIENSER:
- 1 förpackning Fuktig gul kakmix
- 1 förpackning Vanilj instant pudding mix
- 4 Ägg
- 1 kopp Vatten
- ½ kopp Criscoolja
- 1 kopp Halvsöta mini chokladchips
- 1 kopp Färgade mini-marshmallows
- ⅔ kopp Choklad Layer cake frosting
- 2 matskedar Halvsöta mini chokladchips

INSTRUKTIONER:
a) Värm ugnen till 350 grader Fahrenheit.
b) Smör och mjöl i en 13x9x2-tums långpanna.

ATT GÖRA TÅRAN
c) Vispa ihop kakmix, puddingmix, ägg, vatten och olja med en elektrisk mixer
d) Rör ner mikrochokladchips och häll sedan allt i pannan.
e) Grädda i 45 minuter vid 350 grader F.

FÖR TOPPEN
f) Strö marshmallows jämnt över den varma kakan direkt. Fyll en mikrovågssäker skål halvvägs med frosting.
g) Mikrovågsugn i 25-30 sekunder på HÖG.
h) Rör om tills blandningen är helt slät.
i) Ringla över marshmallows och kakan jämnt.
j) Lägg 2 matskedar chokladbitar ovanpå.
k) Låt svalna helt.

64. Grillad Pound Cake S'Mores

INGREDIENSER:
- 1 kopp halvsöta chokladbitar
- 10,75-ounce fryst pundkaka, tinad
- 1 dl marshmallowkräm
- Vaniljglass

INSTRUKTIONER:
e) Skiva kakan horisontellt i tre lager.
f) Bred ut ½ kopp marshmallowkräm och ½ bitar över det nedre skiktet på ett stort ark kraftig folie.
g) För att säkerställa en säker försegling, överlappa foliekanterna.
h) Grilla i 7-20 minuter på låg värme utan grilllock.

65. Majsflinga Marshmallowkakor

INGREDIENSER:
- 16 matskedar smör
- 1¼ koppar strösocker
- ¼ kopp ljust farinsocker
- 1 ägg
- ½ tesked vaniljextrakt
- 1½ dl mjöl
- ½ tsk bakpulver
- ¼ tesked bakpulver
- 1¼ teskedar kosher salt
- 3 koppar Cornflake Crunch
- ¼ kopp mini chokladchips
- 1¼ koppar mini marshmallows

INSTRUKTIONER:

a) Kombinera smöret och sockret i skålen med en stavmixer utrustad med paddeltillbehöret och grädde tillsammans på medelhögt i 2 till 3 minuter. Skrapa ner skålens sidor, tillsätt ägget och vaniljen och vispa i 7 till 8 minuter.

b) Sänk mixerhastigheten till låg och tillsätt mjöl, bakpulver, bakpulver och salt. Blanda bara tills degen går ihop, inte längre än 1 minut.

c) Skrapa ner skålens sidor med en spatel.

d) Ändå, på låg hastighet, paddla i cornflake crunch och mini chokladchips precis tills de är införlivade, inte mer än 30 till 45 sekunder.

e) Paddla i mini marshmallows bara tills de är blandade.

f) Använd en 2¾-ounce glasskopa och portionera ut degen på en bakplåtspappersklädd plåt. Klappa toppen av kakdegskupolerna platt. Slå in plåtformen tätt i plastfolie och ställ i kylen i minst 1 timme eller upp till 1 vecka.

g) Värm ugnen till 375°F.

h) Ordna den kylda degen minst 4 tum från varandra på pergament- eller Silpat-fodrade plåtformar. Grädda i 18 minuter. Kakorna kommer att svälla, krackelera och spridas.

i) Vid 18-minutersmärket ska kakorna vara brynta på kanterna och precis börja bryna mot mitten.

j) Låt dem stå i ugnen i ytterligare en minut eller så om de inte är det och de fortfarande verkar bleka och degiga på ytan.

k) Kyl kakorna helt på plåtformarna innan du överför dem till en tallrik eller en lufttät behållare för förvaring. Vid rumstemperatur håller kakorna sig fräscha i 5 dagar; i frysen håller de sig i 1 månad.

66. Gräshoppapaj

INGREDIENSER:
- 1 portion browniepaj, beredd genom steg 8
- 1 portion Mint Cheesecake Fyllning
- 20 g mini chokladchips [2 matskedar]
- 25 g mini marshmallows [½ kopp]
- 1 portion Mint Glaze, varm

INSTRUKTIONER:

a) Värm ugnen till 350°F.

b) Ta en plåt och lägg din pajform med grahamsskorpa på den. Häll mintcheesecakefyllningen i skalet. Häll browniesmeten ovanpå den. Använd en knivspets för att snurra smeten och myntafyllningen, reta upp ränder av myntafyllningen så att de syns genom browniesmeten.

c) Strö minichokladchipsen i en liten ring i mitten av pajen, lämna tjurens mitt tom. Spritsa minimarshmallows till en ring runt ringen av chokladchips.

d) Grädda pajen i 25 minuter. Den ska puffa lite på kanterna men ändå vara jiggly i mitten. Minichokladchipsen kommer att se ut som om de börjar smälta, och minimarshmallows ska vara jämnt garvade. Låt pajen stå i ugnen i ytterligare 3 till 4 minuter om så inte är fallet.

e) Kyl pajen helt innan du avslutar den.

f) Se till att din glasyr fortfarande är varm vid beröring. Dunk ner pinnarna på en gaffel i den varma glasyren och dingla sedan gaffeln ca 1 tum ovanför pajens mittpunkt.

g) Lägg över pajen i kylen så att mintglasyren stelnar före servering – vilket kommer att ske så fort den är kall, cirka 15 minuter. Inlindad i plast håller pajen färsk i kylen i upp till 1 vecka eller i frysen i upp till 2 veckor.

67.Choklad malt lager tårta

INGREDIENSER:
- 1 portion chokladkaka
- 1 portion Ovaltine Soak
- 1 portion Malt Fudgesås, varm
- ½ portion maltmjölkssmulor
- 1 portion förkolnade marshmallows

INSTRUKTIONER:
a) Lägg en bit pergament eller en Silpat på bänken. Vänd upp kakan på den och dra av pergamentet eller Silpat från botten av kakan. Använd tårtringen för att stämpla ut 2 cirklar från kakan. Det här är dina 2 översta tårtlager. Det återstående kak-"skrotet" kommer att samlas för att göra det nedre lagret av kakan.

BOTTEN
b) Rengör tårtringen och placera den i mitten av en plåt klädd med rent bakplåtspapper eller en Silpat. Använd 1 remsa acetat för att fodra insidan av tårtringen.
c) Lägg tårtbitarna inuti ringen och använd baksidan av handen för att pressa ihop resterna till ett plant jämnt lager.
d) Doppa en bakelseborste i Ovaltine blötläggningen och ge tårtlagret ett gott och hälsosamt bad av hälften av blötläggningen.
e) Använd baksidan av en sked för att fördela en femtedel av maltfudgesåsen i ett jämnt lager över kakan.
f) Strö hälften av den mältade mjölksmulan och en tredjedel av de förkolnade marshmallowsna jämnt över maltfudgesåsen. Använd baksidan av din hand för att förankra dem på plats.
g) Använd baksidan av en sked för att fördela ytterligare en femtedel av maltfudgesåsen så jämnt som möjligt över smulor och marshmallows.

67.Choklad malt lager tårta

INGREDIENSER:
- 1 portion chokladkaka
- 1 portion Ovaltine Soak
- 1 portion Malt Fudgesås, varm
- ½ portion maltmjölkssmulor
- 1 portion förkolnade marshmallows

INSTRUKTIONER:

a) Lägg en bit pergament eller en Silpat på bänken. Vänd upp kakan på den och dra av pergamentet eller Silpat från botten av kakan. Använd tårtringen för att stämpla ut 2 cirklar från kakan. Det här är dina 2 översta tårtlager. Det återstående kak-"skrotet" kommer att samlas för att göra det nedre lagret av kakan.

BOTTEN

b) Rengör tårtringen och placera den i mitten av en plåt klädd med rent bakplåtspapper eller en Silpat. Använd 1 remsa acetat för att fodra insidan av tårtringen.

c) Lägg tårtbitarna inuti ringen och använd baksidan av handen för att pressa ihop resterna till ett plant jämnt lager.

d) Doppa en bakelseborste i Ovaltine blötläggningen och ge tårtlagret ett gott och hälsosamt bad av hälften av blötläggningen.

e) Använd baksidan av en sked för att fördela en femtedel av maltfudgesåsen i ett jämnt lager över kakan.

f) Strö hälften av den mältade mjölksmulan och en tredjedel av de förkolnade marshmallowsna jämnt över maltfudgesåsen. Använd baksidan av din hand för att förankra dem på plats.

g) Använd baksidan av en sked för att fördela ytterligare en femtedel av maltfudgesåsen så jämnt som möjligt över smulor och marshmallows.

MITTEN

h) Med pekfingret stoppar du försiktigt in den andra remsan av acetat mellan kakringen och den översta ¼ tum av den första acetatremsan, så att du har en genomskinlig ring av acetat som är 5 till 6 tum lång – tillräckligt hög för att stödja höjden på den färdiga tårtan. Lägg en tårtrund ovanpå såsen och upprepa processen för lager 1.

TOPPEN

i) Lägg den återstående kakan runt i såsen. Täck toppen av kakan med den återstående fudgesåsen. Eftersom det är en sås, inte en frosting, har du inget annat val än att göra en blank, perfekt platt topp. Garnera med resterande förkolnade marshmallows.

j) Flytta plåtformen till frysen och frys i minst 12 timmar för att stelna kakan och fyllningen. Kakan håller sig i frysen i upp till 2 veckor.

k) Minst 3 timmar innan du är redo att servera tårtan, dra ut plåtformen ur frysen och lyft ut kakan ur tårtringen med fingrarna och tummarna. Dra försiktigt av acetatet och överför kakan till ett fat eller tårtställ. Låt den tina i kylen i minst 3 timmar.

l) Skär kakan i klyftor och servera.

68. Charleston Cobblestone Glass

INGREDIENSER:
- 1 ½ uns osötad bakad choklad
- 1 kopp halv-och-halva
- ⅓ kopp strösocker
- 1 dl vispgrädde
- 6 äggulor
- ⅓ kopp strösocker
- ¼ kopp osaltat smör mjukat
- 1 tsk vaniljextrakt
- 1 kopp miniatyrmarshmallows
- 1 kopp rostad, hackad mandel
- 1 dl russin
- 1 kopp miniatyrchokladchips

INSTRUKTIONER:

a) I en liten kastrull, på låg värme, smält choklad med hälften och hälften. Rör om tills det är slätt. Avsätta.

b) I en medelstor kastrull, kombinera ⅓ kopp socker och grädde, och på medelvärme, vispa i äggulor och den andra ⅓ koppen socker tills den är ljus och citronfärgad. Tempera äggulblandningen genom att röra ner ungefär hälften av den mycket varma gräddblandningen. Häll äggblandningen i en kastrull och fortsätt koka tills den tjocknat.

c) Ta av från värmen och rör ner det mjuka smöret och vaniljextraktet. Tillsätt chokladblandningen och rör tills den är ganska slät och väl blandad. Låt svalna och ställ sedan i kylen.

d) Innan du kärnar, tillsätt marshmallows, mandel, russin och chips.

69. Choklad Mallow Ice Cream

INGREDIENSER:
- ½ kopp halvsöt chokladchips
- ½ kopp plus ⅔ kopp tung grädde
- ¼ kopp vatten
- 8 marshmallows, skurna

INSTRUKTIONER:

a) Kombinera chokladchips, ½ dl grädde, vatten och marshmallows i en 2-quarts kastrull. Koka och rör om på låg värme tills chokladen och marshmallows smälter. Avlägsna från värme; kyla ordentligt.

b) Vispa ⅔ kopp grädde tills den blir hård. Vänd ner i den kalla chokladblandningen tills den är väl blandad. Frys in i en isbitsbricka; rör inte om.

70. Krusbär-Marshmallow Glass

INGREDIENSER:
- 12 stora vita marshmallows
- ¾ kopp indunstad mjölk
- 1 pund färska eller frysta krusbär
- ⅓ kopp strösocker
- ⅔ kopp grädde, vispad
- ¼ kopp lätt majssirap

INSTRUKTIONER:

a) Smält marshmallows med evaporerad mjölk i en skål placerad över en kastrull med varmt vatten, rör om tills den är slät. Koka hälften av krusbären i 2 msk vatten på svag värme i en kastrull i ca 5 minuter eller tills skalet spricker och frukten mjuknar. Rör ner socker och sila sedan av. Låt svalna.

b) Vänd i vispad grädde och häll i en behållare. Täck över och frys tills det stelnar.

c) Gör en sås genom att koka resterande krusbär med majssirap och 2 msk vatten i en täckt panna på svag värme tills frukten mjuknar. Passera genom en sil och ställ åt sidan.

d) Ca 45 minuter innan servering, för över glassen till kylen. Strax före servering värm såsen försiktigt ev. Skeda glass mellan makronerna och häll såsen över.

71. Rocky Road Ice Cream

INGREDIENSER:
- ⅓ kopp superfint socker
- 2 dl helmjölk, kyld
- ¼ kopp osötat kakaopulver
- ½ mjölkchoklad, sönderdelad
- 2 tsk rent vaniljextrakt
- 1 dl tung grädde, vispad och kyld
- 1 kopp mini-marshmallows
- ½ kopp blandade grovt hackade pekannötter och skivad mandel

INSTRUKTIONER:

a) Värm sockret i en kastrull med hälften av mjölken, kakaopulvret och chokladen, rör om då och då. När chokladen är helt upplöst och blandningen väl blandad, ställ åt sidan för att svalna helt.

b) När det svalnat, rör ner vaniljen och resten av mjölken. Vispa ner detta gradvis i den vispade grädden.

c) Häll i en glassmaskin och bearbeta enligt anvisningarna. När den nästan är frusen, häll glassen i en frysbehållare och rör snabbt ner marshmallows och nötter. Om du inte har en glassmaskin, följ handmixningsmetoden och rör ner marshmallows och nötter efter att ha visparat glassen sista gången. Frys i 15 minuter före servering eller tills det behövs.

d) Förvara i frysen i upp till 2 veckor men ta ut 15 minuter innan servering för att mjukna.

72. Key Lime Glass

INGREDIENSER:
- ¾ kopp strösocker
- 2 ägg
- ½ tsk rivet limeskal
- 1 kopp helmjölk
- 1 kopp miniatyrmarshmallows
- 1 dl vispgrädde
- ½ kopp Key lime juice
- 3 droppar grön matfärg

INSTRUKTIONER:
a) Blanda socker och ägg, blanda noggrant. Tillsätt limeskal och mjölk. Koka på medelvärme tills det tjocknat något. Ta bort från värmen och tillsätt marshmallows, rör om tills den smält. Häftigt
b) Tillsätt Key lime juice och vispgrädde till den kylda blandningen.
c) Tillsätt matfärg efter önskemål. Frys in enligt glassmaskinens anvisningar.

73.S'Mores Chokladmoussekoppar

INGREDIENSER:

- 1 kopp graham cracker smulor
- 2 äggulor
- ¼ kopp socker
- ½ kopp vispad tjock grädde
- ½ kopp choklad
- ¾ kopp vispande tjock grädde

INSTRUKTIONER:

a) Vispa äggulor i en liten skål med en elektrisk mixer på hög hastighet i cirka 3 minuter eller tills den är tjock och citronfärgad. Vispa gradvis i socker.

b) Värm ½ kopp vispgrädde i en 2-liters kastrull på medelvärme tills den är varm. Rör gradvis ner minst hälften av den varma vispgrädden i äggguleblandningen; rör tillbaka till het grädde i en kastrull. Koka på låg värme i cirka 3 minuter, under konstant omrörning, tills blandningen tjocknar.

c) Rör ner chokladbitarna tills de smält. Täck över och ställ i kylen i cirka 2 timmar, rör om då och då, bara tills det är kallt.

d) Vispa ¾ koppar vispgrädde i en kyld medium skål med en elektrisk mixer på hög hastighet tills den blir styv. Vänd ner chokladblandningen till vispad grädde.

e) Spruta eller hälla upp blandningen i serveringsskålar. Kyl omedelbart eventuell återstående dessert efter servering.

f) Toppa med marshmallowcrème och gigantisk marshmallow - toast.

74.Frankenstein Mugg Tårta

INGREDIENSER:
FÖR CUPCAKES:
- 200 g mjukt smör
- 175 g gyllene strösocker
- 250g självjäsande mjöl
- 1 tsk bakpulver
- ¼ tesked salt
- 3 stora ägg
- ½ tesked vaniljextrakt
- 100 ml mjölk

ATT DEKORERA:
- 300g florsocker, siktat
- 2-3 matskedar mjölk
- grön matfärgspasta
- 36 mini marshmallows, 12 klippta på mitten, för ögonen

INSTRUKTIONER:

a) Värm ugnen till 180C/160C fläkt/gas 4 och klä en muffinsform med 12 hål med djupa muffinsformar. Rör smöret med sockret tills det blir blekt och fluffigt. Tillsätt resten av kakan och vispa tills den är slät.

b) Häll upp i muffinsformarna och grädda i 20 minuter eller tills de är gyllene och ett spett som sticks in i en av de mittersta kakorna kommer ut rent. Kyl i 5 minuter i formen, sedan helt på galler

c) Använd en liten, vass sågtandad kniv och skär en halvcirkel tårtbit från vänster och höger om varje kaka, för att göra stegvisa kanter, i nivå med muffinsfodralet.

d) Gör sedan ett brett snitt ca 3 cm från toppen av kakan, ca 1 cm djupt. Skär en bit på 5 mm av kakans yta för att möta detta snitt, för att göra en platt, upphöjd yta och framträdande panna. Kyl i 10 minuter för att stelna smulorna

e) Blanda florsockret, mjölken och den gröna färgen för att göra en mycket tjock glasyr som sakta flyter från skeden. Skeda 1 matsked på en kaka och låt den börja breda ut sig sig över den skurna formen. Lätt den här och där med en palettkniv för att belägga den.

f) Lägg till marshmallow halsbultar och ögon. Upprepa för varje cupcake.

g) Låt stelna och sprid sedan på ansikten och håret

75. Spindelnätstårta

INGREDIENSER:
- 18,5-ounce box chokladkaka mix, smet förberedd
- 1 kopp mini marshmallows
- En 16-ounce behållare med vit frosting
- 4 droppar röd matfärg
- 4 droppar gul matfärg
- 2 svarta gelébönor
- 1 tub svart dekorationsgel eller 1 sträng svart lakrits

INSTRUKTIONER:
a) Värm ugnen till 350 grader F. Belägg två 8-tums kakformar med matlagningsspray. Häll kaksmeten i formar och grädda i 28 till 30 minuter, eller tills en tandpetare som sticks in i mitten kommer ut ren.
b) Medan den fortfarande är varm, vänd upp en kaka på ett serveringsfat. Toppa med mini-marshmallows och lägg det andra tårtlagret med rät sida upp över marshmallows. Låt stå i 5 minuter så att marshmallowsen smälter och kyl sedan tills den är fast.
c) Blanda 1-¼ koppar vit frosting med röda och gula matfärger i en liten skål tills frostingen är orange. Frosta toppen och sidorna av kakan.
d) Lägg den återstående vita frostingen i en återförslutbar plastpåse. Skär en mycket liten spets av hörnet på påsen och rör en spindelnätsdesign ovanpå tårtan.
e) Lägg en svart geléböna på spindelnät och rita av benen med en svart gel eller forma dem med lakrits för att se ut som en spindel.
f) Upprepa med den återstående gelébönan och gelen för att bilda en andra spindel.

76. Fem minuters fudge

INGREDIENSER:
- ⅔ kopp Kondenserad mjölk
- 1⅔ kopp Socker
- ½ tsk salt
- 1½ kopp Marshmallows
- 1½ koppar Chokladbitar
- 1 tesked Vanilj

INSTRUKTIONER:
a) Blanda mjölk, socker och salt i en kastrull på medelvärme.
b) Koka upp och koka i 4-5 minuter under konstant omrörning. Avlägsna från värme.
c) Tillsätt marshmallows, chokladchips och vanilj.
d) Rör om kraftigt i 1 minut.
e) Häll i en smörad 8" fyrkantig form.
f) Kyl tills det inte faller ut eller skvalpar runt i pannan.
g) Tillsätt ½ kopp hackade nötter innan du häller dem i en kastrull.

77.Påskäggsmousse

INGREDIENSER:
- 8 x 25 g chokladkakor
- 25 g smör
- 75g Freedom marshmallows
- 30 ml vatten
- ½ tsk vaniljextrakt
- 140ml dubbelkräm

INSTRUKTIONER:
a) Smält 3 av chokladstängerna i en värmesäker skål över en kastrull med sjudande vatten.
b) Ta ut ägghalvorna ur formarna och ställ tillbaka dem i kylen.
c) Lägg resterande chokladkakor, smör, marshmallows och vatten i en liten kastrull.
d) Koka på låg värme och rör om väl tills blandningen har en slät konsistens. Ta bort från värmen och låt svalna.
e) Tillsätt vaniljextraktet till den dubbla grädden och vispa tills det bildas fasta toppar
f) Vänd försiktigt ner den vispade grädden i den släta chokladblandningen och dela lika mellan påskäggsformarna.

78.S'Mores Cupcakes

INGREDIENSER:
- 1 ¾ koppar universalmjöl
- 1 kopp strösocker
- ½ kopp osötat kakaopulver
- 1 tsk bakpulver
- ½ tesked bakpulver
- ½ tsk salt
- 2 stora ägg
- 1 kopp helmjölk
- ½ kopp vegetabilisk olja
- 2 tsk vaniljextrakt
- 1 kopp mini marshmallows
- 1 kopp krossade grahams kex
- 1 dl chokladchips

INSTRUKTIONER:
a) Värm ugnen till 350°F (175°C) och klä en muffinsform med muffinsfodral.
b) I en stor skål, vispa ihop mjöl, socker, kakaopulver, bakpulver, bakpulver och salt.
c) Vispa ägg i en separat skål och tillsätt mjölk, vegetabilisk olja och vaniljextrakt. Blanda väl.
d) Blanda de våta och torra ingredienserna tills de precis blandas.
e) Vik i mini marshmallows, krossade grahamsbröd och chokladchips.
f) Häll smeten i muffinspapper och grädda i 18-20 minuter eller tills en tandpetare kommer ut ren.
g) Låt dem svalna innan servering.

79. Pumpkin S'Mores Cheesecake Bars

INGREDIENSER:
FÖR SKORPA:
- 1 ½ koppar krossade grahams kex
- 2 matskedar strösocker
- 1 tsk pumpakrydda
- ¼ kopp smör, smält

FÖR FYLLNING:
- 8 uns färskost, mjukad
- ½ kopp farinsocker
- 2 ägg
- 1 (15 uns) burk pumpapuré
- ⅓ kopp tung grädde
- 1 tsk vaniljextrakt
- 1 tsk kanel
- ½ tesked muskotnöt

FÖR CRUMBLEN:
- ½ kopp grahams kex, delade i små bitar
- ⅓ kopp farinsocker
- ¼ kopp mjöl
- ¼ tesked kanel
- ½ kopp chokladbitar (du kan använda chokladchips också)
- 1 kopp mini marshmallows
- Marshmallowkräm (valfritt att ringla)

INSTRUKTIONER:

a) Värm ugnen till 350 grader. Klä en 8" x 8" form med bakplåtspapper och ställ åt sidan. 2. Förbered skorpan: Blanda ihop grahamsbröd, socker, pumpakrydda och smält smör i en skål tills det blandas.

b) Tryck skorpan i 8" x 8" pannan. Grädda skorpan i den förvärmda ugnen i 8 minuter. 4. Förbered fyllningen: I en stor skål blanda ihop, med en elektrisk mixer, färskost och farinsocker i 30 sekunder. På låg hastighet tillsätt långsamt ägg, pumpapuré, tjock grädde, vaniljextrakt, kanel och muskotnöt. Blanda tills det är krämigt.

c) Häll fyllningen ovanpå skorpan.

d) Grädda i förvärmd ugn i 45 minuter.

e) Förbered crumblen: Blanda trasiga grahamsbröd, farinsocker, mjöl, kanel, chokladbitar och minimarshmallows.

f) Strö smula över pumpastänger och grädda i ytterligare 10 minuter. *Se till att marshmallows inte bränns*

g) Ta ut barerna från ugnen och låt svalna till rumstemperatur. Kyl i kylen i 3 timmar innan servering.

80. S'Mores Pie

INGREDIENSER:
- 1 ½ dl grahamssmulor
- ½ kopp osaltat smör, smält
- ¼ kopp strösocker
- 1 ½ dl chokladchips
- 1 kopp tung grädde
- 1 kopp mini marshmallows
- ½ kopp krossade grahams kex till topping

INSTRUKTIONER:
a) Värm ugnen till 350°F (175°C).
b) I en skål, kombinera grahamssmulor, smält smör och socker. Tryck ut i en pajform för att bilda skalet.
c) Grädda skorpan i 10 minuter och låt den sedan svalna.
d) Värm grädden i en kastrull tills den börjar sjuda. Ta av från värmen och häll över chokladbitarna, rör om tills den är slät.
e) Häll chokladblandningen i den avsvalnade skorpan.
f) Toppa med mini marshmallows och strö över krossade grahamsbröd.
g) Placera under en broiler i 1-2 minuter tills marshmallows är gyllenbruna.
h) Låt svalna innan servering.

81.S'Mores Chokladmoussekoppar

INGREDIENSER:
- 1 kopp graham cracker smulor
- 2 äggulor
- ¼ kopp socker
- ½ kopp vispad tjock grädde
- ½ kopp choklad
- ¾ kopp vispande tjock grädde

INSTRUKTIONER:

g) Vispa äggulor i en liten skål med en elektrisk mixer på hög hastighet i cirka 3 minuter eller tills den är tjock och citronfärgad. Vispa gradvis i socker.

h) Värm ½ kopp vispgrädde i en 2-liters kastrull på medelvärme tills den är varm. Rör gradvis ner minst hälften av den varma vispgrädden i äggoleblandningen; rör tillbaka till het grädde i en kastrull. Koka på låg värme i cirka 3 minuter, under konstant omrörning, tills blandningen tjocknar.

i) Rör ner chokladbitarna tills de smält. Täck över och ställ i kylen i cirka 2 timmar, rör om då och då, bara tills det är kallt.

j) Vispa ¾ koppar vispgrädde i en kyld medium skål med en elektrisk mixer på hög hastighet tills den blir styv. Vänd ner chokladblandningen till vispad grädde.

k) Spruta eller hälla upp blandningen i serveringsskålar. Kyl omedelbart eventuell återstående dessert efter servering.

l) Toppa med marshmallowcrème och gigantisk marshmallow - toast.

82. S'Mores glasssmörgåsar

INGREDIENSER:
- Graham crackers (tillräckligt för smörgås)
- Chokladglass
- Mini marshmallows
- Chokladchips för rullning

INSTRUKTIONER:
a) Ta en grahamskex och ös på en liten mängd chokladglass på den.
b) Lägg på ett lager av mini marshmallows och lägg en annan graham cracker ovanpå.
c) Rulla kanterna på glassmackan i chokladbitar.
d) Upprepa för så många smörgåsar som önskas.
e) Frys tills det är fast och njut av dina S'Mores-glassmackor.

83. S'Mores Trifle

INGREDIENSER:
- 2 dl chokladkaka i tärningar
- 1 dl chokladpudding
- 1 dl vispad grädde
- 1 kopp mini marshmallows
- 1 kopp krossade grahams kex
- Chokladspån till garnering

INSTRUKTIONER:
a) I individuella serveringsglas, skikta chokladkakatärningar i botten.
b) Lägg på ett lager chokladpudding, följt av ett lager vispad grädde.
c) Strö mini marshmallows och krossade grahams kex på toppen.
d) Upprepa lagren.
e) Garnera med chokladspån.
f) Slappna av innan du serverar denna överseende S'Mores-bagatell.

84. S'Mores Bananbröd

INGREDIENSER:

- 2 mogna bananer, mosade
- ½ kopp osaltat smör, smält
- 1 tsk vaniljextrakt
- 1 kopp strösocker
- 2 stora ägg
- 1 ½ dl universalmjöl
- 1 tsk bakpulver
- ½ tsk salt
- ½ kopp mini chokladchips
- ½ kopp krossade grahams kex
- ½ kopp mini marshmallows

INSTRUKTIONER:

a) Värm ugnen till 350°F (175°C) och smörj en brödform.
b) Blanda mosade bananer, smält smör och vaniljextrakt i en stor skål.
c) Tillsätt socker och ägg, rör om tills det är väl blandat.
d) I en separat skål, vispa ihop mjöl, bakpulver och salt. Tillsätt till bananblandningen och rör om tills det precis blandas.
e) Vik i mini chokladchips, krossade graham-kex och mini-marshmallows.
f) Häll smeten i den förberedda brödformen.
g) Grädda i 55-60 minuter eller tills en tandpetare kommer ut ren.
h) Kyl innan du skivar och njuter av ditt S'Mores-bananbröd.

85. S'Mores No-Bake Mini Cheesecake

INGREDIENSER:

FÖR SKORPA:
- 1 fodral (9 kakor, 135 gram) grahamsbröd
- 4 matskedar (56 gram) osaltat smör, smält
- Till cheesecaken:
- 4 uns (113 gram) halvsöt choklad, smält och kyld
- 8 uns (227 gram) färskost, vid rumstemperatur
- ½ kopp (100 gram) strösocker
- 1 tsk vaniljextrakt
- 1 kopp (237 gram) tjock grädde, vid rumstemperatur

FÖR MARSHMALLOWTOPPING:
- 2 äggvitor
- ½ kopp (100 gram) strösocker
- ⅛ tesked grädde av tandsten
- ½ tesked vaniljextrakt
- 1 Hershey's bar, bruten i bitar

INSTRUKTIONER:

GÖR SKORPA:
a) Smörj hålen i en mini cheesecake-panna noga med nonstick-spray. Lägg grahamsbröden i en matberedares skål och mixa tills de är finmalda.
b) Tillsätt det smälta smöret och pulsera tills det är fuktat.
c) Fördela blandningen mellan håligheterna i cheesecakeformen, ca 1 ½ msk i varje. Tryck fast i botten av varje hålighet. Avsätta.

GÖR OSTKAKA:
d) I skålen med en elektrisk mixer, vispa färskost och socker på medelhög hastighet tills det är ljust och krämigt, cirka 2 minuter. Skrapa ner skålens sidor och botten.
e) Tillsätt vaniljen och grädden, vispa på låg tills den blandas, öka sedan hastigheten till medelhög tills den tjocknat, cirka 1-2 minuter. Skrapa ner skålens sidor och botten.
f) Häll i den avsvalnade smälta chokladen och blanda på låg tills den är helt blandad. Skrapa ner skålens sidor och botten.
g) Fördela blandningen jämnt mellan varje hålighet. Knacka lätt kastrullen på bänkskivan några gånger för att släppa ut eventuella

luftbubblor. Använd en förskjuten spatel och släta till toppen av cheesecakes. Täck med plastfolie och ställ i kylen tills den stelnar, minst 4 timmar eller över natten.

GÖR MARSHMALLOWTOPPINGEN:

h) I en liten värmesäker skål, tillsätt äggvita, socker och grädde av tartar. Ställ skålen över en kastrull med sjudande vatten, se till att vattnet inte rör vid skålen.

i) Vispa hela tiden på medelvärme tills sockret lösts upp och vitorna är varma vid beröring, 2 till 3 minuter.

j) Kontrollera detta genom att gnugga lite av blandningen mellan fingrarna för att se om du kan känna några sockergranulat, var försiktig så att du inte rör vid botten av skålen.

k) Torka av kondensen från botten av skålen och överför sedan äggblandningen till en elektrisk mixer utrustad med visptillbehör.

l) Börja vispa på låg hastighet och öka sedan gradvis till hög, vispa tills det bildas styva, glansiga toppar, cirka 5 till 7 minuter. Tillsätt vaniljen och vispa tills det blandas.

m) Ta bort till en spritspåse försedd med en vanlig öppen spets. Sprid en klick på varje cheesecake. Om så önskas, använd en köksfackla för att rosta marshmallowtoppen lätt.

n) Garnera med en bit av Hershey's bar. Återgå till kylen tills den ska serveras.

o) Cheesecakes serveras bäst samma dag som de görs men kan förvaras i en lufttät behållare i kylen i upp till 2 dagar.

86. S'Mores Rispudding

INGREDIENSER:
- ½ kopp socker
- ½ kopp osötat kakaopulver
- ¼ kopp majsstärkelse
- ⅛ tesked salt
- 4 koppar helmjölk
- 1½ tsk vaniljextrakt
- 8 uns mjölkchoklad, hackad
- 2 msk osaltat smör
- 1 kopp grovt hackade grahams kex
- 12 till 18 stora marshmallows

INSTRUKTIONER:

a) Sikta socker, kakaopulver, majsstärkelse och salt i en medelstor skål. Om det verkar finnas några klumpar, sikta tills klumparna har försvunnit. Häll de torra ingredienserna i en multikokare och vispa i mjölk, vanilj och choklad. Ställ in multikokaren på programmet "vitt ris" och låt blandningen koka upp under konstant vispning. Koka utan lock tills puddingen börjar tjockna, 3 till 5 minuter.

b) Ta bort skålen från multikokaren. Arbeta snabbt, häll eller skeda puddingen i sex 4-ounce ramekins eller koppar. Låt dem stelna i kylen, ca 2 timmar. Puddingarna kan täckas och kylas i upp till 2 dagar.

c) Smält smöret i en medelstor stekpanna på medelvärme. Tillsätt grahamssmulorna och rosta i 2 till 3 minuter, eller bara tills de är gyllenbruna.

d) För att rosta marshmallows, förvärm broilern. Lägg marshmallowsen på en lätt smord plåt och stek dem i 30 sekunder. Använd en tång, vänd försiktigt på marshmallows och stek i ytterligare 15 sekunder. Ta ut ur ugnen och ställ åt sidan. (Alternativt kan du rosta dem över en gasbrännare; se anmärkning.)

e) När du är redo att servera puddingen, sked cirka 1 matsked av de rostade graham cracker smulor ovanpå varje portion. Lägg 2 eller 3 rostade marshmallows ovanpå grahamsbrödet och servera omedelbart.

DRYCK

87.S'Mores varm choklad

INGREDIENSER:
- 2 dl mjölk
- 2 matskedar kakaopulver
- 2 matskedar socker
- ¼ kopp chokladchips
- ¼ kopp mini marshmallows
- Krossade graham-kex för kantning (valfritt)
- Vispad grädde till topping

INSTRUKTIONER:
a) Värm mjölken på medelvärme i en kastrull.
b) Vispa i kakaopulver och socker tills det är helt upplöst.
c) Tillsätt chokladbitar och rör om tills det smält.
d) Häll den varma chokladen i muggar.
e) Toppa med minimarshmallows och vispad grädde.
f) Valfritt: Kanta muggen med krossade grahams kex för en extra S'Mores-touch.

88. S'Mores Milkshake

INGREDIENSER:
- 2 msk sirap med chokladsmak, plus mer till garnering
- 10 marshmallows
- 1 pint Rocky Road eller chokladglass
- ¾ kopp halv och halv
- 3 msk marshmallowcréme
- 2 matskedar graham cracker smulor, plus mer för garnering
- Vispgrädde
- 1-ounce mjölkchokladkaka, delad på mitten
- Strössel (valfritt)

INSTRUKTIONER:
a) Ringla insidan av två 12-ounce glas med chokladsirap. Ställ i frysen tills den ska användas.
b) Lägg marshmallows på en liten bakplåt. Stek 4 till 5 tum från toppen tills den är rostad och gyllenbrun, cirka 1 minut. Kyl helt. Ställ åt sidan 2 marshmallows.
c) Bred under tiden marshmallowcréme på kanten av de kalla glasen. Strö över 2 msk krossade grahamsbröd.
d) Kombinera de återstående 8 rostade marshmallows, glass och halv-och-halva i en mixer.
e) Täck över och blanda tills det är slätt. Dela mellan förberedda glas.
f) Toppa med vispad grädde, ytterligare chokladsirap och grahams kex, de reserverade marshmallows, choklad och strössel, om så önskas.

89. S'Mores Iskaffe

INGREDIENSER:
- 1 kopp bryggt kaffe, kylt
- ½ kopp mjölk
- 2 msk chokladsirap
- 2 msk marshmallowsirap
- Isbitar
- Vispad grädde till topping
- Krossade graham-kex för kantning (valfritt)

INSTRUKTIONER:
a) I ett glas, kombinera kylt bryggkaffe, mjölk, chokladsirap och marshmallowsirap.
b) Blanda väl.
c) Tillsätt isbitar i glaset.
d) Valfritt: Kanta glaset med krossade grahamsbröd.
e) Toppa med vispad grädde och en klick chokladsirap.

90. Rostade s'More Martini

INGREDIENSER:
- 1-ounce mörk choklad eller mjölkchokladlikör
- ½ uns fluffad marshmallow vodka
- ½ uns tung grädde
- Hersheys chokladsirap och krossad grahamskex till kanten
- marshmallows som garnering
- små bambupinnar

INSTRUKTIONER:
a) Doppa kanten på ditt glas i Hershey-sirapen och sedan i den krossade graham-kexen.
b) Häll chokladlikören så långsamt som möjligt över en upp och nervänd sked i glaset.
c) Blanda den tunga grädden och marshmallowvodkan i en separat behållare.
d) Häll vodkablandningen så långsamt som möjligt över en upp-och-nedvänd sked för att få det skiktade utseendet.
e) Lägg marshmallowen på bambupinnen som ett spett.
f) Bryn marshmallowen något över öppen låga.
g) Lägg bambupinnen på drinken och tänd marshmallowen för effekt innan du dricker den. rör ihop drinken och njut!

91. Baileys s'Mores

INGREDIENSER:

- 100 ml Baileys Original Irish Cream
- 100 g smulad digestive eller mördegskaka
- 100 g mini marshmallows
- 120 g marshmallows
- 100 ml chokladsås
- Blås ficklampan till slut

INSTRUKTIONER:

g) Lägg den smulade mördegen i botten av en burk. Dollop på marshmallows.
h) Värm upp chokladsåsen och häll den i burkarna. Tillsätt kanske lite mer chokladsås.
i) Strö på minimarshmallows.
j) Häll Baileys över din skapelse.
k) Rosta nu marshmallows med blåslampan tills de är smälta och läckra.

92. Ghost Busted Cocktail

INGREDIENSER:
- Socker, Rimming
- Marshmallow, ögonglober
- ¼ kopp socker
- ¼ tesked rent vaniljextrakt
- 10 droppar matfärg
- 1 stor marshmallow
- 2 droppar matfärg
- ½ kopp tung grädde
- 2 matskedar enkel sirap
- 1-ounce vodka
- 1 tsk rent vaniljextrakt
- ¼ kopp club soda

INSTRUKTIONER:

a) För Rimming Sugar, blanda socker och vanilj på en liten tallrik. Lägg till matfärg; blanda tills sockret är jämnt färgat. Våt kanten på dryckesglaset med vatten. Doppa kanten av glaset i svart socker för att lätt täcka.

b) För Marshmallow Eyeballs, skär marshmallows på mitten. Placera 1 droppe matfärg i mitten av snittsidan av varje marshmallowhalva.

c) Fyll cocktailshakern till två tredjedelar med is. Tillsätt grädde, enkel sirap, vodka och vanilj; skaka tills det är väl blandat och kylt. Sila upp i kantat dryckesglas. Toppa med club soda. Garnera med Marshmallow Eyeballs. Servera omedelbart.

93. Marshmallow Popcorn Milkshake

INGREDIENSER:
- 1 kopp helmjölk
- ⅔ kopp popcorn
- ½ kopp mini marshmallows
- ⅔ kopp vaniljglass
- ¼ tesked salt

INSTRUKTIONER:
a) Lägg popcornen i en mixer och mixa tills popcornen blir som en fin ströbröd.
b) Tillsätt sedan marshmallows, mjölk och glass. Mixa tills det är slätt.
c) Smaka av milkshaken och se hur den smakar först utan tillsatt salt.
d) Tillsätt sedan marshmallows, mjölk och glass. Mixa tills det är slätt.
e) Smaka av milkshaken och se hur den smakar först utan tillsatt salt.

94. Blackberry Marshmallow Cream Soda

INGREDIENSER:

- 1 shot Blackberry Simple Sirap
- 1 shot gin
- Kolsyrat vatten
- 1 stor klick Marshmallow Fluff

MARSHMALLOWFLUD

- 1 10 uns påse Dandies Mini Marshmallows
- Vätska från 1 burk kikärter
- 1 tsk kokosolja

INSTRUKTIONER:

a) Fyll ett glas med is. Häll i 1 shot björnbär enkel sirap och en shot gin och rör om. Fyll resten av vägen med läsk och toppa med en klick marshmallowfluff.

MARSHMALLOWFLUD

b) Vispa aquafaba i en stående mixer tills det bildas fluffiga toppar i marängen. Under tiden, kombinera kokosolja och marshmallows i en mikrovågssäker skål. I 30-sekunders intervall, ger en snabb omrörning mellan varje, mikrovågsugn tills marshmallows har smält helt.

c) Tillsätt marshmallowblandningen i stavmixern med marängen och vispa ihop till en slät smet.

d) Förvara i en lufttät behållare i kylen i upp till 5 dagar.

95.Ginger Persikor Och Grädde Cocktail

INGREDIENSER:
- 1 uns Bourbon
- ½ uns persika snaps
- Ingefärsöl
- Bourbon-Brûléed Dandies Marshmallow, till garnering

INSTRUKTIONER:
a) Fyll ett glas med is. Tillsätt 1 shot bourbon och ½ shot persikosnaps.
b) Toppa resten av glaset med Ginger Beer och rör om. Garnera med en Brûléed Dandies Marshmallow.
c) Lägg en marshmallow på ett spett, doppa den i bourbon och rulla i socker.
d) Använd en köksfackla eller låga från en gasspis och rosta marshmallow tills sockret förvandlas till en bränd skorpa.

96. Citronmarängpajcocktail

INGREDIENSER:
- 1-ounce vodka
- ½ uns Amarettolikör
- 1 msk enkel sirap
- 1 uns citronsaft
- 1 klick Marshmallow Fluff
- Krossad Graham Cracker

INSTRUKTIONER:
a) Fyll en Martini shaker med is. Tillsätt enkel sirap, citronsaft, vodka och Amarettolikör.
b) Skaka kraftigt i en minut.
c) Doppa kanten på ett martiniglas i citronsaft och sedan i en krossad grahams.
d) Häll silad alkohol i martiniglaset och toppa med en klick marshmallowfluff.
e) Om du har en köksfackla, bränn ludet för lite extra känsla.

97. Flytande Smore Cocktail

INGREDIENSER:
- 1 shot Marshmallow Vodka
- 1 msk chokladsirap eller likör
- 1 shot Irish Cream
- 2 skott halv & halv

INSTRUKTIONER:
a) Häll chokladsirapen i en cocktailshaker.
b) Tillsätt vodka och Irish Cream.
c) Lägg till 1 shot av halv och halv.
d) Fyll shakern resten av vägen med is och skaka ordentligt.
e) Häll upp i ett martiniglas doppat i grädde och krossade grahamsbröd.
f) Toppa med resterande hälften och hälften.

98. Jordgubbar Och Marshmallow Cocktail

INGREDIENSER:
- 8 vita marshmallows
- 4 hallon
- 1L jordgubbsglass
- ½ kopp gräddlikör, kyld
- ⅓ kopp vodka, kyld
- 125g hallon, extra
- 1 tsk vaniljstångspasta

INSTRUKTIONER:
a) Värm grillen till medium. Klä en bakplåt med folie. Trä upp marshmallows och hallon på små bambuspett. Täck spettens exponerade ändar med folie. Lägg på den klädda brickan.
b) Koka under grillen i 1-2 minuter eller tills marshmallowsen är lätt rostade.
c) Placera glass, likör, vodka, extra hallon och vanilj i en mixer och mixa tills det är slätt och krämigt. Häll jämnt mellan serveringsglasen.
d) Toppa med marshmallowspetten och servera genast.

99.S'Mores Martini

INGREDIENSER:
- 2 uns chokladlikör
- 1 uns vanilj vodka
- 1 uns vodka med marshmallowsmak
- Krossade graham-kex för kantning
- Chokladsirap för kantning
- Mini marshmallows till garnering

INSTRUKTIONER:
a) Rimla ett martiniglas med chokladsirap och krossade grahamsbröd.
b) I en shaker, kombinera chokladlikör, vaniljvodka och vodka med marshmallowsmak med is.
c) Skaka väl och sila ner i det förberedda martiniglaset.
d) Garnera med mini marshmallows på en tandpetare för en festlig touch.

100. S'Mores Frappuccino

INGREDIENSER:
- 1 kopp bryggt kaffe, kylt
- ½ kopp mjölk
- 2 msk chokladsirap
- 2 msk marshmallowfluff
- 1 kopp is
- Vispad grädde till topping
- Krossade grahams kex till garnering

INSTRUKTIONER:
a) I en mixer, kombinera kylt bryggkaffe, mjölk, chokladsirap, marshmallowfluff och is.
b) Mixa tills det är slätt.
c) Häll upp i ett glas och toppa med vispad grädde.
d) Strö krossade graham-kex på toppen för en extra S'Mores-känsla.

SLUTSATS

När vi når slutet av "Den bästa s'mores kokbok", hoppas vi att du har blivit inspirerad att återupptäcka det enkla nöjet med S'Mores i all sin läckra härlighet. Oavsett om det avnjuts runt en lägereld, på en grill i trädgården eller i bekvämligheten av ditt eget hem, har S'Mores ett sätt att föra människor samman och skapa omhuldade minnen som varar livet ut. När du fortsätter din S'Mores-framställningsresa, må varje recept du provar föra dig närmare glädjen och nostalgin i denna älskade goding.

När de sista sidorna i denna kokbok har vänts och doften av rostade marshmallows hänger kvar i luften, vet att äventyret inte slutar här. Experimentera med nya smakkombinationer, dela dina favoritskapelser från S'Mores med vänner och familj och låt magin med S'Mores fortsätta att lysa upp dina dagar. Och när du återigen känner dig sugen på den ljuva komforten hos S'Mores, kommer "Den bästa s'mores kokbok" att finnas här, redo att guida dig på din nästa läckra eskapad.

Tack för att du följde med oss på denna underbara resa genom S'Mores värld. Må dina dagar vara fyllda med den söta magin av marshmallows, choklad och graham-kex, och må ditt hjärta värmas av glädjen av S'Mores som delas med nära och kära. Tills vi ses igen, glad S'Mores-making och god aptit!

www.ingramcontent.com/pod-product-compliance
Lightning Source LLC
Chambersburg PA
CBHW071851110526
44591CB00011B/1374